Printed in the United States
By Bookmasters

بسم الله الرحمن الرحيم

الجرائم الإسرائيلية خلال العدوان على قطاع غزة

2009/1/18-2008/12/27

وفقاً لمعاهدة روما المؤسّسة للمحكمة الجنائية الدولية في لاهاي

دراسة قانونية

تأليف

د. عبد الرحمن محمد علي

مركز الزيتونة

للدراسات والاستشارات

بيروت - لبنان

Crimes Perpetrated by Israel
During its Aggression Against the Gaza Strip
27/12/2008-18/1/2009
According to the Rome Statute of the International Criminal Court in the Hague: A Legal Study

By:
Dr. Abdelrahman Mohamad Ali

بيروت - لبنان

ISBN 978-9953-500-71-3

مركز الزيتونة للدراسات والاستشارات
تلفون: 44 36 80 1 961 +
تلفاكس: 43 36 80 1 961 +
ص.ب.: 14-5034، بيروت - لبنان
بريد إلكتروني: info@alzaytouna.net
الموقع: www.alzaytouna.net

إخراج
مروة غلاييني

تصميم الغلاف
ربيع مراد

طباعة
Golden Vision sarl +961 1 820434

فهرس المحتويات

إهداء

أهدي هذا الكتاب إلى شهداء وجرحى معركة الفرقان

شكر وعرفان

شكري إلى صديقي عمر باطو لتفضّله بطباعة هذا الكتاب، وإلى
صديقي محمد لمراجعة جزء منه.

المقدمة

في ظلّ صمت دولي مريب، شنّت قوات الاحتلال الإسرائيلي حرباً ضدّ سكان قطاع غزة المدنيين هي الأعنف منذ احتلال سنة 1967، ففي ساعات ظهيرة يوم السبت، الموافق 2008/12/27، شنّت تلك القوات سلسلة من غاراتها الجوية المباغتة على العديد من المقار الأمنية والشرطية التابعة للحكومة في غزة وكذلك على عدد من المنشآت المدنية، وقد تزامن توقيت القصف مع انتهاء فترة الدوام الصباحي وبدء دوام الفترة المسائية في مدارس قطاع غزة، التي يتواجد الكثير منها في محيط مقرات الشرطة التي تعرضت للقصف. وتدعي "إسرائيل" أنها استهدفت في هجومها معاقل لأفراد المقاومة الفلسطينية، إلا أن جميع التقارير الصادرة عن مراكز حقوق الإنسان والتقارير اليومية للصحفيين المتواجدين في غزة تؤكد أن الجيش الإسرائيلي قد أفرط في استخدام القوة، وأن غالبية المنشآت التي استُهدِفَت هي منشآت مدنية عامة وأملاك خاصة تقع وسط أحياء سكنية مكتظة.

وأكدت العديد من المصادر أن حصيلة العدوان الإسرائيلي على قطاع غزة تراوحت ما بين استشهاد 1,434 مواطناً خلال 23 يوماً من الحرب، من بينهم 960 مدنياً و239 من الشرطة المدنية و288 طفلاً و121 امرأة، وأدى العدوان إلى جرح 5,303 مواطناً معظمهم من المدنيين العزل، ومن بينهم 828 امرأة و1,606 طفلاً، وخلال العدوان تمّ اقتراف جريمتي اغتيال سياسي بحق كل من الدكتور نزار ريان والوزير سعيد صيام.

لقد قامت "إسرائيل" وجيشها باستهداف سيارات الإسعاف والدفاع المدني والخدمات الإغاثية بشكل متعمد، وأدى العدوان على غزة إلى تدمير 2,400 منزل بشكل كلي، وتدمير 28 منشأة عامة من بينها عدة وزارات ومقرات بلديات ومحافظات وكذلك المجلس التشريعي، كما تمّ أيضاً تدمير 30 مسجداً بشكل كلي و15 مسجداً بشكل جزئي، وأيضاً تمّ تدمير 10 مؤسسات خيرية و5 مؤسسات إعلامية ومؤسستين صحيتين، ومن جهة أخرى تمّ تدمير 60 مقراً للشرطة و29 مؤسسة تعليمية وتجريف الآلاف من الدونمات من الأراضي الزراعية.

وخلال هذا العدوان مارست قوات الاحتلال انتهاكات جسيمة ضدّ طواقم الإغاثة الإنسانية، والفرق والطواقم الطبية في المنشآت الطبية الثابتة والميدانية بما فيها عربات إسعاف ونقل الشهداء والجرحى والمرضى وعربات الدفاع المدني، ووفقاً لتوثيق المركز الفلسطيني لحقوق الإنسان قتلت قوات الاحتلال سبعة أفراد من الطواقم الطبية وأصابت العشرات منهم خلال قيامهم بإخلاء الشهداء ونقلهم وتطبيب الجرحى، واستهدفت قوات الاحتلال بقصفها البري والبحري والجوي العديد من المنشآت الطبية وسيارات الإسعاف ومنعتها من الوصول إلى الضحايا.

ووفقاً للمصادر العسكرية الإسرائيلية فقد شنّت "إسرائيل" 2,500 ضربة جوية ضدّ المنازل السكنية، والمنشآت المدنية، والمساجد والجمعيات الخيرية، ومدارس وكالة غوث وتشغيل اللاجئين، والمباني الحكومية، وورش الحدادة، وعشرات المواقع الأمنية، ومحلات الصرافة، ومقرات البلديات؛ بحيث لم يعد هناك في قطاع غزة مكان آمن. وعلى الرغم من أن "إسرائيل" بدأت عدوانها بحجة وقف الصواريخ الفلسطينية التي دكت "جنوب إسرائيل"، فإن ما اقترفه الجيش الإسرائيلي من جرائم مخالف لذلك، فالقوات الإسرائيلية لم تقتل المدنيين والأطفال والنساء فحسب بل عمدت إلى إبادة أسر بكامل أفرادها. وفيما يلي بعض النقاط التي يرد تفصيلها في ثنايا هذا الكتاب:

- إن جميع تقارير المنظمات الحكومية وغير الحكومية كما سوف نفصل في هذا الكتاب، وآخرها تقرير لجنة تقصي الحقائق التابعة للأمم المتحدة، تؤكد على انتهاك القوات المسلحة الإسرائيلية للقانون الدولي العرفي، والقانون الدولي الإنساني وخاصة اتفاقية جنيف الرابعة Fourth Geneva Convention لسنة 1949 الخاصة بحماية المدنيين في أثناء الحرب.

- بالرغم من حقيقة وصول الجرائم التي ارتكبت في قطاع غزة إلى حدّ تكييفها بجريمة الإبادة الجماعية إلا أننا سوف نركز في هذا الكتاب على جرائم الحرب والجرائم ضدّ الإنسانية، تاركين جريمة الإبادة الجماعية إلى دراسة خاصة، بسبب إشكالية البعد القانوني في وصفها وتعقيد الشروط الواجب توفرها.

- أخـيـراً... يجـب عـلى كل الباحثـين والسياسـيين المهتمـين بالشـأن الفلسطيني العـودة بالقضيـة الفلسـطينية إلى بعدهـا القانـوني الـدولي بجانـب البعـد السياسي والوطنـي، حيـث

يملك الفلسطينيون الكثير من أوراق الضغط القانوني لإحراج الإسرائيليين، وخير مثال على ذلك الإعلان عن إقامة دولة فلسطينية، بغض النظر عن قبول الإسرائيليين لها، ودعوة الأمم المتحدة United Nations إلى تحمل مسؤوليتها تجاه الاعتراف بالدولة الفلسطينية[1].

---

[1] انظر إلى تقرير مفصل عن عدد الشهداء، والجرحى، والأضرار جراء العدوان الإسرائيلي على قطاع غزة (2008-2009)، في:

"Operation Cast Lead": A Statistical Analysis, site of Al-Haq, Ramallah, August 2009,

http://www.justiceforpalestinians.net/fonds/Gaza-operation-Cast-Lead_statistical-analysis%20by%20Al%20Haq_August%20 2009.pdf

وانظر أيضاً: مركز الميزان لحقوق الإنسان، مركز الميزان يصدر تقريراً إحصائياً حول حصيلة الخسائر والأضرار التي لحقت بالسكان وممتلكاتهم بسبب العدوان على غزة، 2009/6/15، في:

http://www.mezan.org/ar/details.php?id=8840&ddname=Gaza%20destruction&id_dept=14&p=center:

وانظر أيضاً: تقرير وزارة الصحة الفلسطينية حول آثار الحصار والمجزرة الصهيونية على الوضع الصحي، الصادر في أيار/ مايو 2009، حيث ركز التقرير على استهداف الطواقم الطبية بمن فيهم المسعفون وسيارات الإسعاف وبشكل متعمد، واستهداف المؤسسات الصحية، واستعمال الأسلحة المحرمة.

الفصل الأول

جرائم الحرب المرتكبة في قطاع غزة
خلال العدوان

جرائم الحرب المرتكبة في قطاع غزة خلال العدوان

سوف نقوم باستعراض بعض جرائم الحرب المرتكبة في الفصل الأول، ومن ثم نقوم في الفصل الثاني بشرح الشروط القانونية الواجب توافرها للحديث عن جرائم حرب.

المبحث الأول: شرح قانوني لجرائم الحرب المرتكبة في قطاع غزة حسب المادة الثامنة من معاهدة روما Treaty of Rome:

سوف نحاول هنا تفصيل الجرائم التي تمّ ارتكابها في قطاع غزة، وشرح أركانها القانونية الواجب توافرها، ودعمها بشهادات الضحايا والشهود.

أ. جريمة الحرب المتمثلة في تعمد توجيه هجمات ضدّ السكان المدنيين بصفتهم هذه أو ضدّ أفراد مدنيين لا يشاركون مباشرة في الأعمال الحربية، مادة 8/2/ب/1، وجريمة الحرب المتمثلة في القتل العمد كأحد الانتهاكات الجسيمة لاتفاقيات جنيف, مادة 8/2/أ/1 من معاهدة روما:

1. الركن المادي لهذه الجريمة:

إن جذور هذه الجريمة تعود إلى نصّ المادة 2/51 من البروتوكول الأول الإضافي لاتفاقيات جنيف Protocol Additional to the Geneva Conventions (Protocol I)، والتي تنصّ على أنه "لا يجوز أن يكون السكان المدنيون بوصفهم هذا وكذلك الأشخاص المدنيون محلاً للهجوم، وتحظر أعمال العنف أو التهديد به الرامية أساساً إلى بثّ الذعر بين السكان المدنيين".

وأيضاً تعود جذور هذه الجريمة إلى نص المادة 3/85 من البروتوكول الأول الإضافي، والتي تنصّ على أنه "تعد الأعمال التالية..... بمثابة انتهاكات جسيمة لهذا البروتوكول.... جعل السكان المدنيين أو الأفراد المدنيين هدفاً للهجوم".

إن تعبير "الهجمات" قد تمّ تعريفه في المادة 1/49 من البروتوكول الأول الإضافي، والتي نصّت على: "تعني الهجمات أعمال العنف الهجومية والدفاعية ضدّ الخصم".

أما تعبير "السكان المدنيين" قد تمّ تعريفه في المادة 50 من البروتوكول الأول الإضافي، والتي نصّت على:

1. المدني هو أي شخص لا ينتمي إلى فئة من فئات الأشخاص المشار إليها في البنود الأول والثاني والثالث والسادس من الفقرة أ من المادة الرابعة من الاتفاقية الثالثة، والمادة 43 من هذا البروتوكول، وإذا ثار الشك حول ما إذا كان شخص ما مدنياً أم غير مدني فإن ذلك الشخص يعدّ مدنياً.
2. يندرج في السكان المدنيين كافة الأشخاص المدنيين.
3. لا يجرد السكان المدنيون من صفتهم المدنية وجود أفراد بينهم لا يسري عليهم تعريف المدنيين.

إن هذا يعني أن المدنيين يتمتعون بالحماية ما لم يقوموا بدور مباشر في الأعمال العدائية حسب نصّ المادة 3/51، حيث نصّت بأنه "يتمتع الأشخاص المدنيون بالحماية التي يوفرها هذا القسم ما لم يقوموا بدور مباشر في الأعمال العدائية وعلى مدى الوقت الذي يقومون خلاله بهذا الدور".

وفي هذا الصدد فإنه يجب الإشارة إلى أن الصحفيين ينطبق عليهم أيضاً وصف المدنيين، حيث نصّت المادة 79 من البروتوكول الأول الإضافي على:

1. يعدّ الصحفيون الذين يباشرون مهمات مهنية خطرة في مناطق المنازعات المسّلحة أشخاصاً مدنيين ضمن منطوق الفقرة الأولى من المادة 50.
2. يجب حمايتهم بهذه الصفة بمقتضى أحكام الاتفاقيات وهذا البروتوكول، شريط ألا يقوموا بأي عمل يسيء إلى وضعهم كأشخاص مدنيين.

الشيء المهم الذي يجب ذكره هنا هو ما موقف القانون الدولي الإنساني والقانون الدولي الجنائي من الحالات التي يتواجد فيها المدنيون حول أهداف عسكرية؟

إن الإجابة على هذا السؤال كانت صريحة في نصّ المادة 4/51 من البروتوكول الأول الإضافي، والتي تحظر الهجمات العشوائية، والتي نصّت على أنه:

تعتبر هجمات عشوائية: أ. تلك التي لا توجه إلى هدف عسكري محدد. ب. أو تلك التي تستخدم طريقة أو وسيلة للقتال لا يمكن أن توجه إلى هدف عسكري محدد. ج. أو تلك التي تستخدم طريقة أو وسيلة للقتال لا يمكن حصر آثارها

على النحو الذي يتطلبه هذا البروتوكول، ومن ثم فإن من شأنها أن تصيب في كل حالة كهذه، الأهداف العسكرية والأشخاص المدنيين أو الأعيان المدنية دون تميز.

أما المادة 5/51 فنصّت على أنه:

تعتبر الأنواع التالية من الهجمات، من بين هجمات أخرى، بمثابة هجمات عشوائية: أ) الهجوم قصفاً بالقنابل، أياً كانت الطرق والوسائل، الذي يعالج عدداً من الأهداف العسكرية الواضحة التباعد والتميز بعضها عن البعض الآخر والواقعة في مدينة أو بلدة أو قرية أو منطقة أخرى تضم تركزاً من المدنيين أو الأعيان المدنية على أنها هدف عسكري واحد. ب) الهجوم الذي يمكن أن يتوقع منه أن يسبب خسارة في أرواح المدنيين أو إصابة بهم أو أضراراً بالأعيان المدينة، أو أن يحدث خلطاً من هذه الخسائر والأضرار، يفرط في تجاوز ما ينتظر أن يسفر عنه ذلك الهجوم من ميزة عسكرية ملموسة ومباشرة.

ومن هذه النصوص يمكن أيضاً الاستنتاج على أن هناك تحريماً واضحاً لاستخدام الأسلحة بطريقة عشوائية، وهذا التحريم أيضاً واضح في القرار الاستشاري الصادر عن محكمة العدل الدولية International Court of Justice (ICJ) في قرارها الخاص بمشروعية التهديد أو استخدام الأسلحة النووية حيث قالت المحكمة:

إن المبادئ الرئيسية المنصوص عليها في النصوص التي تشكل جوهر القانون الإنساني هي الآتية: الأول يهدف إلى حماية السكان المدنيين والأماكن المدنية وأيضاً التفرقة ما بين المحارب وغير المحارب، حيث يجب على الدول عدم جعل المدنيين محلاً لأي هجوم، وبالتالي عدم جواز استخدام أسلحة غير قادرة على التمييز ما بين المدنيين والأهداف العسكرية[1].

من جانب آخر، نصّت المادة 57 من البروتوكول الأول الإضافي على التدابير الوقائية الواجب اتخاذها عند الهجوم، حيث نصّت المادة 2/57 على أنه:

تتخذ الاحتياطات التالية فيما يتعلق بالهجوم: أ) يجب على من يخطط لهجوم أو يتخذ قرار بشأنه، أولاً: أن يبذل ما في طاقته عملياً للتحقق من أن

[1] International Court of Justice (I.C.J.), *Legality of the Threat or Use of Nuclear Weapons*, Advisory Opinion of 8/7/1996, I.C.J. Reports 1996, para. 78, http://www.icj-cij.org/docket/files/95/7495.pdf?PHPSESSID=24b4f2afb52c34b323d116d4199b77df

الأهـداف المقـرر مهاجمتهـا ليسـت أشـخاصاً مدنيـين أو أعيانـاً مدنيـة وأنهـا غـير مشـمولة بحمايـة خاصـة، ولكنهـا أهـداف عسـكرية في منطـوق الفقـرة الثانيـة مـن المـادة 52... ثانيـاً: أن يتخـذ جميـع الاحتياطـات المسـتطاعة عنـد تخـير وسـائل وأسـاليب الهجـوم، مـن أجـل تجنـب إحـداث خسـائر في أرواح المدنيـين... أو الإضرار بالأعيـان المدنيـة... ثالثـاً: أن يمتنـع عـن اتخـاذ قـرار بشـنّ أي هجـوم قـد يتوقـع منـه، بصفـة عرضيـة أن يحـدث خسـائر في أرواح المدنيـين... أو الإضرار بالأعيـان المدنيـة مـما يفـرط في تجـاوز مـا ينتظـر أن يسـفر عنـه ذلـك الهجـوم مـن ميـزة عسـكرية ملموسـة ومبـاشرة.

أما المادة 57/ب فنصّت على أنه "يلغى أو يعلّق أي هجوم إذا تبين أن الهدف ليس هدفاً عسكرياً، أو أن الهجوم قد يتوقع منه أن يحدث خسائر في أرواح المدنيين... أو الإضرار بالأعيان المدنية".

أما الفقرة ح من المادة نفسها فنصّت على واجب الدولة المهاجِمَة على "توجيه إنذار مسبق وبوسائل مجدية في حالة الهجمات التي قد تمس السكان المدنيين".

أما المادة 4/57 فنصّت على أنه "يتخذ كل طرف في النزاع كافة الاحتياطات المعقولة عند إدارة العمليات العسكرية في البحر أو الجو، لتجنب إحداث الخسائر في أرواح المدنيين وإلحاق الخسائر بالممتلكات المدنية".

أما المادة 5/57 فنصّت على أنه "لا يجوز تفسير أي من أحكام هذه المادة بأنه يجيز شنّ أي هجوم ضدّ السكان المدنيين أو الأشخاص المدنيين أو الأعيان المدنية"[2].

أما جريمة الحرب المتمثلة في القتل العمد كأحد الانتهاكات الجسيمة لاتفاقيات جنيف، مادة 8/2/أ/1 من معاهدة روما فتجد جذورها في المادة 147 من اتفاقية جنيف الرابعة والتي نصّت على: "المخالفات الجسيمة التي تشير إليها المادة السابقة هي التي تتضمن أحد الأفعال التالية إذا اقترفت ضدّ أشخاص محميين أو ممتلكات محمية بالاتفاقية: القتل العمد...". وينطبق على المادة 8/2/أ/1 ما سبق وقلناه عن المادة 8/2/ب/1[3].

[2] Knut Dormann, *Elements of War Crimes under the Rome Statute of the International Criminal Court: Sources and Commentary* (England: Cambridge University Press, 2003), p. 130.

[3] *Ibid.*, p. 38.

2. الركن المعنوي لهذه الجريمة:

حسب أركان الجرائم التي تمّ اعتمادها من قبل جمعية الدول الأعضاء في 2002/9/9، وهو عبارة عن شرح للمواد السادسة والسابعة والثامنة من نظام روما الأساسي The Rome Statute of the[4] International Criminal Court، فإن المادة 2/2/8ب/1 تنصّ على: "3. أن يتعمد مرتكب الجريمة جعل هدف الهجوم السكان المدنيين بصفتهم هذه أو أفراداً مدنيين لا يشاركون مباشرة في الأعمال الحربية". وهذا يعني أن نية القصد يجب أن تكون متوفرة. نستطيع أن نستشهد أيضاً في الادعاء العام لمحكمة الجزاء الدولية ليوغوسلافيا السابقة International Criminal Tribunal for the former Yugoslavia (ICTY) في قضية كورديك وسيركيز Kordic and Cerkez لتوضيح الركن المعنوي لهذه الجريمة حيث نصّ الادعاء العام في مذكرته في موضوع الهجوم غير الشرعي ضدّ المدنيين على:

"1. يجب أن تكون الصفة المدنية للسكان أو الأشخاص الذين قتلوا أو جرحوا بشكل خطير معروفة أو كان يجب معرفتها.

2. الهجوم كان موجهاً بشكل مقصود ضدّ السكان المدنيين أو أشخاص مدنيين"[5].

إن العنصر المعنوي واضح في نصّ المادة 3/85 من البروتوكول الأول الإضافي، وقد أشارت المحكمة البدائية في محكمة الجزاء الدولية ليوغوسلافيا السابقة إلى المادة 3/85 لوصف الركن المعنوي لهذه الجريمة[6].

---

[4] انظر نص المادة باللغة العربية في:

http://www.icc-cpi.int/library/about/officialjournal/Element_of_Crimes_Arabic.pdf

وقد جاء في مقدمة أركان الجرائم ما يلي:

1. وفقاً للمادة التاسعة، تستعين المحكمة بأركان الجرائم التالية في تفسير وتطبيق المواد 6-8، طبقاً للنظام الأساسي. وتطبق أحكام النظام الأساسي، بما في ذلك المادة 21 والمبادئ العامة الواردة في الجزء الثالث على أركان الجرائم.

2. وكما هو مبين في المادة 30، ما لم ينصّ على غير ذلك، لا يسأل الشخص جنائياً عن ارتكاب جريمة تدخل في اختصاص المحكمة، ولا يكون عرضة للعقاب على هذه الجريمة، إلا إذا تحققت الأركان المادية للجريمة مع توافر القصد والعلم. وإذا لم ترد إشارة في الأركان إلى ركن معنوي لأي سلوك أو نتيجة أو ظرف معين، فإنه يفهم من ذلك أن الركن المعنوي ذا الصلة، أي القصد أو العلم أو كليهما مما هو وارد في المادة 30، واجب الانطباق. وترد أدناه الحالات المستثناة من معيار المادة 30 وفقاً للنظام الأساسي بما في ذلك القانون الواجب التطبيق بموجب أحكامه ذات الصلة.

[5] The International Criminal Tribunal for the Former Yugoslavia (ICTY), *The Prosecutor v. Dario Kordic and Mario Cerkez*, Prosecutor's pre-trial brief, IT-95-14/2-PT, p. 48.

[6] ICTY, *The Prosecutor Milan Martic*, Review of the indictment, IT-95-11-R61, 108. ILR 39. at 44.

وحسب شرح نصوص هذه المادة فإنه يعدّ انتهاكاً جسيماً:

"... جعل السكان المدنيين... مع معرفة صفتهم المدنية محلاً لهجوم عندما يكون ذلك الهجوم موجهاً قصداً ضدّهم..."[7] وينطبق على المادة 1/أ/2/8 ما سبق أن قلناه عن المادة 2/8/ب/1.

3. بعض الوقائع الدالة على ارتكاب هذه الجريمة:

- في 2009/1/1 أطلقت الطائرات الحربية الإسرائيلية عدة صواريخ باتجاه منزل الدكتور نزار ريان بالقرب من مسجد الخلفاء الراشدين في مخيم جباليا شمالي قطاع غزة، مما أدى إلى تدمير المنزل المكون من خمسة طوابق واستشهاد الدكتور وزوجاته الأربعة وأبنائه الأحد عشر[8].
- في 2008/12/28 أقدمت قوات الاحتلال على قتل الأطفال الخمسة لأنور العلوشة، وهم في منزلهم في مخيم جباليا شمال قطاع غزة، عندما قامت الطائرات الإسرائيلية بإطلاق ثلاثة صواريخ تزن ثلاثة أطنان من المتفجرات على مسجد عماد عقل، فدمرت المسجد ومنزل أنور بعلوشة وتمّ استشهاد أطفاله الخمسة وهم: جواهر (4 أعوام) ودينا (8 أعوام) وسمر (7 أعوام) وإكرام (4 أعوام) وتحرير (13 عاماً)[9].
- في 2008/12/29 قامت الطائرات الإسرائيلية بإطلاق صاروخ على منزل زياد العبسي الواقع في مخيم يبنا في رفح جنوب قطاع غزة، فانهار المنزل على رؤوس قاطنيه، مما أدى إلى استشهاد أطفال العبسي الثلاثة وهم: صدق (4 أعوام) وأحمد (12 عاماً) ومحمد (14 عاماً).
- في2009/1/4 قامت قوات الاحتلال التي توغلت شرق حي الزيتون جنوب شرق مدينة غزة بتجميع عشرات الأسر ومنها عائلة السموني في بيت واحد مساحته

---

[7] Bruno Zimmermann, "Article 85," in Yves Sandoz, Christophe Swinarski and Bruno Zimmermann (eds.), *Commentary on the Additional Protocols of 8 June 1977 to the Geneva Convention of 12 August 1949* (Geneva: Martinns Nijhoff, 1987).

[8] المركز الفلسطيني لحقوق الإنسان، "التقرير الأسبوعي حول الانتهاكات الإسرائيلية في الأراضي الفلسطينية المحتلة 1-2009/1/7،" انظر:
http://www.pchrgaza.org/files/w_report/arabic/2008/pdf/weekly%20report%2001-09.pdf

[9] لم يرحموا الأطفال والرضّع وسرقوا نقوداً... ناجون يروون كيف قتل جنود إسرائيليون أفراد عائلاتهم أمام أعينهم، جريدة الحياة، لندن، 2009/1/21؛ وقتلوا الجنين في رحم أمه، مجزرة آل "بشير": (4) أجساد أذابتها (3) صواريخ أباتشي، جريدة **فلسطين**، غزة، 2009/1/21؛ والمركز الفلسطيني لحقوق الإنسان، "التقرير الأسبوعي حول الانتهاكات الإسرائيلية في الأراضي الفلسطينية المحتلة 24-2008/12/31،" انظر: http://www.pchrgaza.org/files/w_report/arabic/2008/pdf/weekly%20report%2051.pdf

180 متراً مربعاً، وهذا ما يرويه أحد الناجين من عائلة السموني وهو تائب السموني (35 عاماً)، ويضيف بعد ذلك: قامت قوات الاحتلال بدكّ البيت على من فيه بالقذائف لمدة عشر دقائق حتى سقطنا جميعاً بين جريح وشهيد، وأضاف: بعدما قامت قوات الاحتلال بإمطارنا بهذا العدد من القذائف، تحول البيت إلى بركة من الدماء فمنا من مات على الفور ومنا من ظلّ جريحاً يصارع الموت حتى فارق الحياة بعد ساعات. وأكد السموني أن قوات الاحتلال منعت الإسعاف من الوصول إلى أفراد العائلة المستهدفة بالرغم من المناشدات العديدة التي وجهها للصليب الأحمر، حيث ظلوا ينزفون لمدة 24 ساعة. ويقول تائب السموني: استشهدت زوجتي حنان وطفلتي هدى ووالدتي رزقة البالغة من العمر ستين عاماً ومعظم إخواني وأبناء عمي وأبنائهم. ويروي الطبيب هيثم دباش، الذي يعمل ضمن الطواقم الطبية لمستشفى الشفاء، أن ما حدث بحي الزيتون كان إعداماً جماعياً بدم بارد، وأن قسم الاستقبال في مستشفى الشفاء لم يتسع لهؤلاء المواطنين وعددهم سبعون ضحية وصلوا ما بين شهيد وجريح[10].

- في 2009/1/5 استهدفت المقاتلات الإسرائيلية منزل عائلة أبو عيشة بصواريخ وقنابل، مما أدى إلى استشهاد سبعة من أفراد الأسرة؛ هم أب وأم وخمسة من أطفالهم.
- في 2009/1/6 وقبل 25 دقيقة من انتهاء ساعات التهدئة قصفت الدبابات والطائرات الإسرائيلية أربعة صواريخ وقذائف مدفعية باتجاه مخيم جباليا شمال قطاع غزة، وقد سقطت إحدى هذه القذائف في فناء منزل المواطن سمير شفيق ديب (43 عاماً) مما أدى إلى استشهاده على الفور هو ووالدته (70 عاماً) وثلاثة من أبنائه هم: عصام (12 عاماً) ومحمد (23 عاماً) وفاطمة (20 عاماً)، وخمسة من أنجال شقيقه ومنهم: نور (عامان) وآلاء (19 عاماً)، واثنتين من نساء العائلة هما: آمال مطر ديب (34 عاماً) وخضرة عبد العزيز ديب (41 عاماً).
- في صباح يوم الجمعة 2009/1/9 استشهد ستة من أفراد عائلة صالحة في منزل الأسرة الواقع في بيت لاهيا شمال القطاع.

[10] عائلة مكونة من 23 فرداً أُبيدت عن وجه "الزيتون"، "الداية" ستلدُ ذات الأسماء التي رحلت... الأبناء الناجون يَعِدون بذلك، **فلسطين**، 2009/1/22؛ ومجزرة عائلة السموني دليل حي على موت الضمير العالمي، الأهرام في موقع قصف عشرات المدنيين الفلسطينيين بعد تجميعهم بمنازلهم في حي الزيتون، الطائرات قصفت المنازل بالصواريخ لتبيد من فيها والجنود أعدموا الرجال أمام زوجاتهم وأبنائهم، جريدة الأهرام، القاهرة، 2009/1/1؛ وذا غارديان تسرد وقائع الجريمة الإسرائيلية بحقّ عائلة السموني الفلسطينية وشهدائها الـ 48، وكالة سما الإخبارية، 2009/1/21.

- في 2009/1/10 تمّ قصف منزل عائلة عبد ربه بواسطة القاتلات الإسرائيلية واستشهاد ثمانية من أفراد الأسرة[11].
- كشفت شهادات لمواطنين فلسطينيين في قطاع غزة عمليات استهداف مباشر لمدنيين رفعوا الرايات البيضاء ومع ذلك تعرضوا للقصف ودمرت منازلهم، فابتسام القانوع الأم لسبعة أبناء ظنت أن حملها الراية البيضاء سيحمي منزلها من التجريف في بلدة العطاطرة شمال قطاع غزة أو سيحميها من جنود الاحتلال، لكنها سرعان ما تلقت الجواب من الجنود الإسرائيليين بعدما أطلق قناص إسرائيلي النار بشكل مباشر على القانوع (34 عاماً) وأرداها شهيدة بعد أن كانت ووالدة زوجها تحاولان منع الجرافات الإسرائيلية من هدم منزلهم الذي كان يضم أربعين فرداً[12].
- روى الأسير المحرر عبد الناصر فروانة أن قوات الاحتلال أعدمت خلال الحرب على غزة عائلات بأكملها بعد هدم البيوت فوق رؤوس ساكنيها، وقال فروانة إن الشهيد شادي حمد من بلدة بيت حانون شمال قطاع غزة اعتقلته قوات الاحتلال مع مجموعة من المواطنين واقتادتهم إلى أطراف الحدود وساروا بهم باتجاه شرق جباليا ثم أطلقوا سراحهم، وطلبوا منهم العودة إلى القطاع فساروا غرباً في شارع القرم باتجاه جباليا، وعند اقترابهم من مسجد الصديق أُطلقت عليهم النيران بكثافة مترافقة مع قذيفة دبابة مما أدى إلى استشهاد شادي ونجاه الآخرين[13].
- ما أورده تقرير المركز الفلسطيني لحقوق الإنسان تحت عنوان "استهداف المدنيين" عن استهداف الجيش الإسرائيلي للصحفيين وقتل أكثر من صحفي بدم بارد في الصفحات 99-104[14].

---

[11] المركز الفلسطيني لحقوق الإنسان، "التقرير الأسبوعي حول الانتهاكات الإسرائيلية في الأراضي الفلسطينية المحتلة 8-2009/1/14،" انظر: http://www.pchrgaza.org/files/w_report/arabic/2008/pdf/weekly%20report%2002-09.pdf؛ وأسرة فلسطينية تفقد أكثر من ثلاثين من أفرادها، موقع الجزيرة.نت، 2009/1/19؛ وفلسطيني يروي تفاصيل مجزرة إسرائيلية بحقّ عائلته في غزة، الجزيرة.نت، 2009/1/27.

[12] جنود الاحتلال قتلوا فلسطينية تحمل راية بيضاء، الجزيرة.نت، 2009/1/14؛ ومجزرة مروعة يرتكبها الاحتلال بحقّ أسرة بحي الزيتون، الجزيرة.نت، 2009/1/5.

[13] الجزيرة.نت، 2009/2/2.

[14] Palestinian Centre for Human Rights (PCHR), *Targeted Civilians, APCHR Report on the Israeli Military Offensive against the Gaza Strip (27/12/2008-18/1/2009)*, http://www.pchrgaza.org/files/Reports/English/pdf_spec/gaza%20war%20report.pdf

- ما أورده تقرير الجامعة العربية حول ثبوت ضلوع الجيش الإسرائيلي في القتل العمد ضدّ عدد من الفلسطينيين مع شهادات الشهود على ذلك في الصفحات 62-68[15].
- ما أورده تقرير جمعية المحامين الوطنية في أمريكا من تعمد الجيش الإسرائيلي قتل المدنيين واستهدافهم عمداً في الصفحات 9-24[16].
- أورد تقرير المركز الفلسطيني لحقوق الإنسان تحت عنوان جرائم الحرب ضدّ الأطفال الصادر في أيار/ مايو 2009 العديد من الشهادات التي تبين استهداف المدنين وخاصة الأطفال منهم في الصفحات 17-27[17].
- بحثت بعثة الأمم المتحدة لتقصي الحقائق في الفصل العاشر ما حدث من قصف لقذائف الهاون لمفترق طرق الفاخورة في منطقة جباليا بالقرب من مدرسة تابعة لوكالة الأمم المتحدة لإغاثة وتشغيل اللاجئين الفلسطينيين في الشرق الأدنى (الأونروا) United Nations Relief and Works Agency for Palestine Refugees in the Near East (UNRWA) كانت تأوي في ذلك الوقت أكثر من 1,300 شخص، فقد أطلقت القوات الإسرائيلية المسلحة أربع قذائف هاون على الأقل وسقطت إحداها في فناء منزل إحدى الأسر فقتلت 11 شخصاً كانوا مجتمعين هناك، وسقطت ثلاث قذائف أخرى في شارع الفاخورة فقتلت ما لا يقل عن 24 شخصاً وأصابت عدداً كبيراً يصل إلى أربعين شخصاً. وتعترف البعثة وهي تضع استنتاجاتها القانونية بشأن الهجوم بأن القرارات المتعلقة بالتناسب، والتي توازن بين الميزة العسكرية التي ينتظر تحقيقها والخطر المتمثل في قتل مدنيين هي قرارات تطرح على جميع الجيوش معضلات حقيقة فعلاً في حالات معينة، ولا ترى البعثة أن ذلك كان هو الحال هنا. فإطلاق أربع قذائف

---

[15] للاطلاع على تقرير الجامعة العربية حول جرائم غزة، انظر:

No Safe Place: Report of the Independent Fact Finding Committee on Gaza, presented to the League of Arab States (LAS), 30/4/2009, (The Committee was established by the Arab League and chaired by prof. John Dugrad), http://www.arableagueonline.org/las/picture_gallery/reportfullFINAL.pdf

[16] National lawyers Guild, "Onslaught: Israel's Attack On Gaza & The Rule Of Law (27/12/2008-18/1/2009)," Report of the National lawyers Guild Delegation to Gaza, February 2009, http://www.nlg.org/NLGGazaDelegationReport.pdf

[17] PCHR, *War crimes against children*, A PCHR Investigation into Palestinian Children Killed by Israeli Forces in the Gaza Strip (27/12/2008-18/1/2009), May 2009, http://www.pchrgaza.org/files/Reports/English/pdf_spec/War%20Crimes%20Against%20Children%20Book.pdf

هاون على الأقل لمحاولة قتل عدد صغير من الأفراد المحدّدين في سياق كانت تقوم فيه أعداد كبيرة من المدنيين بتصريف شؤون حياتهم اليومية، ويلجأ فيه 1,368 شخصاً في مأوى قريب هو أمر لا يمكن أن يستوفي الشروط التي يكون قد حدّدها قائد معقول لما هو خسارة معقولة في أرواح المدنيين مقابل الميزة العسكرية المنشودة. وهكذا ترى البعثة أن هذا الهجوم كان عشوائياً، مما يشكل انتهاكاً للقانون الدولي، وأنه قد انتهك حقّ الحياة للمدنيين الفلسطينيين الذين قتلوا في هذه الأحداث[18].

- أكدت لجنة تقصي الحقائق للأمم المتحدة United Nations Fact Finding Mission في الفصل 11 أنها حققت في عشرة أحداث شنّت فيها القوات المسلحة الإسرائيلية هجمات مباشرة على المدنيين، وأنها وجدت أنه لم يكن هناك أي هدف عسكري يبرر ذلك، وقد وقع الهجومان الأولان على منازل في منطقة السّاموني جنوب مدينة غزة، وشمل قصف منزل أجبرت القوات المسلحة الإسرائيلية مجموعة من المدنيين الفلسطينيين على التجمّع فيه. وتتعلق المجموعة التالية المؤلفة من سبعة حوادث بإطلاق النار على المدنيين أثناء محاولتهم مغادرة منازلهم في اتجاه مكان أكثر أمناً وهم يلوّحون برايات بيضاء، بل وهم يتبعون في بعض الحالات أمراً صادراً من القوات الإسرائيلية بالقيام بذلك. وتشير الحقائق التي جمعتها البعثة أن جميع الهجمات قد وقعت في ظروف كانت فيها تسيطر القوات المسلحة الإسرائيلية على المنطقة المعنية، وكانت قد دخلت من قبل في اتصال مع الأشخاص الذين هاجمتهم لاحقاً أو كانت تراقبهم على الأقل، بحيث أنها كان يجب أن تكون على علم بوضعهم كمدنيين... وبحثت البعثة كذلك حادثاً استُهدِف فيه أحد المساجد بقذيفة أثناء صلاة المغرب، مما أسفر عن موت 15 شخصاً، وترى البعثة أن هذا الحادث يشكل اعتداء متعمداً على السكان المدنيين وتخلص البعثة إلى أن سلوك القوات المسلحة الإسرائيلية في جميع الحوادث السابقة يشكل خرقاً خطيراً لاتفاقية جنيف الرابعة من حيث القتل العمد والتسبب عمداً في إحداث معاناة كبيرة للأشخاص المحميين، وعلى ذلك فإنه ينشئ المسؤولية الجنائية الفردية وهي تخلص أيضاً إلى أن الاستهداف المباشر والقتل التعسفي للمدنيين الفلسطينيين يشكل انتهاكاً للحق في الحياة[19].

---

[18] Human Rights Council, Human Rights in Palestine and Other Occupied Arab Territories: Report of the United Nations Fact Finding Mission on the Gaza Conflict, 12th session,15/9/2009, A/HRC/12/48, http://www.justiceforpalestinians.net/fonds/UNFFMGC_Report.pdf

[19] Ibid.

- أكدت شهادات أدلى بها جنود إسرائيليون بشأن ممارساتهم خلال الحرب الإسرائيلية على غزة قيامهم بقتل مدنيين فلسطينيين وإطلاق النار بدون قيود وتدمير ممتلكات الفلسطينيين بشكل متعمد. ووفقاً لموقع جريدة هآرتس Haaretz الإلكتروني، فإن الجنود أدلوا بشهاداتهم خلال مؤتمر عقدته المدرسة التحضيرية العسكرية في كلية أورانيم Oranim Academic College شمال "إسرائيل" في 2009/2/13. وتروي إحدى هذه الشهادات، والتي أدلى بها قائد وحدة في سلاح المشاة، استشهاد سيدة فلسطينية ووليدها جراء تعرضها لنيران مدفع رشاش إسرائيلي. وذكر "أن الجنود الإسرائيليين احتجزوا المرأة وطفلها في إحدى غرف منزلهما ونصبوا في أعلى البيت موقعاً عسكرياً، ثم أخلوا في وقت لاحق سبيل المرأة والطفل ولكن دون إبلاغ الجندي عند المدفع الرشاش الذي أطلق النار عليهما".

كما روى قائد وحدة عسكرية إسرائيلية آخر حدثاً آخر أصدر فيه قائد سرية أمراً بإطلاق النار وقتل امرأة فلسطينية مسنة كانت تسير في الشارع على بعد مئة متر من البيت الذي احتلته السرية.

وأضاف أنه اضطر إلى مناقشة قادته حول تعليمات إطلاق النار بدون قيود بهدف إخلاء بيوت ومن دون تحذير السكان سلفاً. واعترف جنود إسرائيليون بأنهم تلقوا أوامر من قادتهم أثناء الحرب الأخيرة على قطاع غزة ترى كل من يبقى من سكان المناطق التي أمر الجيش بإخلائها هدفاً للهجمات، وأدلى الجنود بشهاداتهم في أمسية نظمتها كلية رابين Rabin Pre-Military Academy[20].

ب. جريمة الحرب المتمثلة في تعمد توجيه هجمات ضدّ مواقع مدنية أي المواقع التي لا تشكل أهدافاً عسكرية، مادة 2/8/ب/2 من معاهدة روما:

1. الركن المادي لهذه الجريمة:

هذه الجريمة مشابهة لحدّ كبير ما ذكرناه بخصوص المادة 2/8/ب/1 الخاصة بالهجمات ضدّ المدنيين، وهنا هذه المادة تحرّم الهجمات ضدّ مواقع مدنية

---

[20] المقرر الأممي لحقوق الإنسان يرجح وجود جرائم حرب بالقطاع، اعترافات الجنود الإسرائيليين تحرج الجيش والدولة، الجزيرة. نت، 2009/3/20؛ وانظر:

Israel's dirty secrets in Gaza, *The Independent* newspaper, London, 20/3/2009; and

Testimonies on IDF misconduct in Gaza keep rolling in, *Haaretz* newspaper, 22/3/2009.

لذلك فسوف نكتفي هنا بشرح بعض الأمور المهمة ونحيلكم إلى ما سبق شرحه بخصوص المادة 8/2/ب/1.

إن حظر توجيه الهجمات العسكرية ضدّ مواقع مدنية منصوص عليه في المادة 1/53 من البروتوكول الأول الإضافي حيث نصّت "لا تكون الأعيان المدنية محلاً للهجوم أو لهجمات الردع، والأعيان المدنية هي كافة الأعيان التي ليست أهدافاً عسكرية...".

أما المادة 2/52 فنصّت "تنحصر الأهداف العسكرية فيما يتعلق بالأعيان على تلك التي تسهم مساهمة فعّالة في العمل العسكري سواء كان ذلك بطبيعتها أو بموقعها أم بغايتها أم باستخدامها والتي يحقق تدميرها التام أو الجزئي أو الاستيلاء عليها أو تعطيلها في الظروف السائدة حينذاك ميزة عسكرية أكيدة".

أما المادة 3/52 فنصّت على أنه "إذا ثار شكّ حول ما إذا كانت عين ما تكرس لأغراض مدنية مثل مكان العبادة أو منزل أو أي مسكن آخر أو مدرسة، إنما تستخدم في تقديم مساهمة فعّالة للعمل العسكري، فإنه يفترض أنها لا تستخدم كذلك"[21].

2. الركن المعنوي لهذه الجريمة:

نصّ أركان الجرائم في المادة 8/2/ب/2 على "3. أن يتعمد مرتكب الجريمة استهداف هذه الأعيان المدنية بالهجوم".

في قضية بلاسكيك Blaškić case فإن محكمة الجزاء الدولية ليوغوسلافيا السابقة قالت إنه يجب أن يكون الهجوم قد تمّ عن قصد ومعرفة، أو أنه من المستحيل عدم معرفة أن الهجوم كان موجهاً ضدّ أعيان مدنية[22].

أيضاً نحيلكم هنا إلى ما سبق وقلناه بخصوص المادة 8/2/ب/1 والمتعلقة بالركن المعنوي.

ج. جريمة الحرب المتمثلة في تعمّد هجوم مع العلم بأن هذا الهجوم سيسفر عن خسائر تبعية في الأرواح أو عن إصابات بين المدنيين أو عن إلحاق أضرار مدنية أو إحداث ضرر واسع النطاق وطويل الأجل وشديد للبيئة الطبيعية الملموسة المباشرة، مادة 8/2/ب/4 من معاهدة روما:

---

[21] Knut Dormann, op. *cit.*, p. 148.

[22] ICTY, *The Prosecutor* v. *Tihomir Blaskic*, Judgment, IT-95-14-T, para. 180, 122 ILR 1 at 72.

1. الركن المادي لهذه الجريمة:

يمكن إيجاد جذور هذه الجريمة في المادة 5/51/ب[23]، والمادة 3/85/ب[24]، وأيضاً في المواد 3/35[25]، و1/55[26]، و2/57/أ/ثالثاً[27]، من البروتوكول الأول الإضافي.

إن هذه الجريمة المنصوص عليها في المادة 2/8/ب/4 تشبه نصّ المادة 2/8/ب/1، وبالمقارنة بين هذه المادة 2/8/ب/4 من معاهدة روما والمادة 2/57/أ/ثالثاً من البروتوكول الأول الإضافي، فإننا نجد أن هذه المادة قد نصّت على: هجوم بشكل عمدي Intentionally launching attack، بينما البروتوكول الأول الإضافي فقد نصّ على: شنّ هجوم launching attack، أيضاً هذه المادة من معاهدة روما قد أضافت: "إحداث ضرر واسع النطاق وطويل الأجل وشديد للبيئة الطبيعية"، وهذا لا نجده في البروتوكول الأول الإضافي[28].

---

[23] مادة 5/51:

تعتبر الأنواع التالية من الهجمات، من بين هجمات أخرى، بمثابة هجمات عشوائية: (ب) والهجوم الذي يمكن أن يتوقع منه أن يسبب خسارة في أرواح المدنيين أو إصابة بهم أو أضراراً بالأعيان المدنية، أو أن يحدث خلطاً من هذه الخسائر والأضرار، يفرط في تجاوز ما ينتظر أن يسفر عنه ذلك الهجوم من ميزة عسكرية ملموسة ومباشرة.

[24] مادة 3/85:

تعدّ الأعمال التالية، فضلاً على الانتهاكات الجسيمة المحددة من المادة 11، بمثابة انتهاكات جسيمة لهذا الحق "البروتوكول" إذا اقترفت عن عمد...

ب) شنّ هجوم عشوائي، يصيب السكان المدنيين أو الأعيان المدنية عن معرفة بأن مثل هذا الهجوم يسبب خسائر بالغة في الأرواح، أو إصابات بالأشخاص المدنيين أو أضراراً للأعيان المدنية، كما جاء في الفقرة الثانية في البند الأول ضمن ثالثاً من المادة 57.

[25] مادة 3/35:

يحظر استخدام وسائل أو أساليب للقتال، يقصد بها أو قد يتوقع منها أن تلحق بالبيئة الطبيعية أضراراً بالغة واسعة الانتشار وطويلة الأمد.

[26] المادة 55: حماية البيئة الطبيعية:

1. تراعى أثناء القتال حماية البيئة الطبيعية من الأضرار البالغة واسعة الانتشار وطويلة الأمد. وتتضمن هذه الحماية حظر استخدام أساليب أو وسائل القتال التي يقصد بها أو يتوقع منها أن تسبب مثل هذه الأضرار بالبيئة الطبيعية ومن ثم تضرّ بصحة أو بقاء السكان.

[27] مادة 2/57/أ/ثالثاً:

أن يمتنع عن اتخاذ قرار بشنّ أي هجوم قد يتوقع منه، بصفة عرضية، أن يحدث خسائر في أرواح المدنيين أو إلحاق الإصابة بهم، أو الأضرار بالأعيان المدنية، أو أن يحدث خلطاً من هذه الخسائر والأضرار، مما يفرط في تجاوز ما ينتظر أن يسفر عنه ذلك الهجوم من ميزة عسكرية ملموسة ومباشرة.

[28] Knut Dormann, op. cit., p. 161.

وهنا لن نتطرق إلى ما سبق قوله بخصوص تعريف الهجوم ومفهوم من هو المدني والأعيان المدنية، ولكن ينبغي هنا التركيز على أنه خلال العمليات العسكرية فإن على الأطراف أن تدرس بعناية فائقة المكاسب العسكرية المتوقعة، وأن تتناسب هذه المكاسب مع الخسائر التبعية في الأرواح والممتلكات. إنّ هذا يعني وجوب توافر نسبة وتناسب ما بين ضرب هدف عسكري والفائدة المتوخاة منه مقارنةً مع الخسائر التبعية في الأرواح والممتلكات والأضرار الناجمة للبيئة، بحيث لا تفوق بشكل واضح بالقياس إلى مجمل المكاسب العسكرية المتوقعة[29].

كما أوضحنا فإن المادة 8/2/ب/4 قد أضافت "ضرر واسع النطاق وطويل الأجل وشديد للبيئة الطبيعية" بخلاف المادة 3/85 من البروتوكول الأول الأضافي التي لم تنصّ على ذلك. والإشارة في هذه المادة إلى البيئة قد تمّ التأكيد عليه في الرأي الاستشاري لمحكمة العدل الدولية في قضية مشروعية استخدام أو التهديد بالأسلحة النووية حيث قالت:

"يجب على الدول أخذ اعتبارات البيئة في الحسبان في تقييمهم لمبدأ الضرورة والتناسب عند القيام بضرب أهداف عسكرية مشروعة، فاحترام البيئة يعدّ واحداً من العناصر لتقييم ما إذا كان أي عمل عسكري يتفق مع مبادئ الضرورة والتناسب"[30].

2. الركن المعنوي لهذه الجريمة:

نصّ أركان الجرائم لهذه المادة على:

3. أن يكون مرتكب الجريمة على علم بأن الهجوم من شأنه أن يسفر عن خسائر عرضية في الأرواح، أو عن إصابات بين المدنيين، أو عن إلحاق أضرار بأعيان مدنية، أو عن إلحاق ضرر واسع النطاق وطويل الأجل وشديد بالبيئة الطبيعية يكون إفراطه واضحاً بالقياس إلى مجمل الميزة العسكرية المتوقعة الملموسة المباشرة.

إن تقدير الحكم بأن الهجوم من شأنه أن يسفر عن خسائر عرضية في الأرواح أو الأعيان المدنية يجب أن يكون مبنياً على المعلومات المتاحة لمرتكب الجريمة في ذلك الوقت.

---

29 *Ibid.*, p. 173.

30 I.C.J., *Legality of the Threat or Use of Nuclear Weapons*, Advisory Opinion of 8/7/1996, I.C.J. Reports 1996, para. 30, 110 ILR 163, at 192.

تجدر الملاحظة هنا أن الركن المعنوي لهذه الجريمة هو نفسه الوارد في المادة 3/85/ب من البروتوكول الأول الإضافي، والذي نصّ على أنه "يعدّ انتهاكاً جسيماً لهذا البروتوكول شنّ هجوم عشوائي يصيب السكان المدنيين أو الأعيان المدنية عن معرفة بأن مثل هذا الهجوم يسبب خسائر بالغة في الأرواح...". ولقد علقت اللجنة الدولية للصليب الأحمر International Committee of the Red Cross (ICRC) على هذه المادة بقولها:

"هذه الفقرة الفرعية تضيف عبارة المعرفة، ولذلك يكون هناك خرق خطير إذا ما قام الشخص بارتكاب الفعل المجرم وهو على علم أكيد بأن النتيجة المترتبة على ذلك سوف تحدث، وهذا لا يشمل الإهمال[31].

د. جريمة الحرب المتمثلة في مهاجمة أو قصف المدن أو القرى أو المساكن أو المباني العزلاء التي لا تكون أهدافاً عسكرية بأية وسيلة كانت, مادة 8/2/ب/5 من معاهدة روما:

1. الركن المادي لهذه الجريمة:

يجب الإشارة هنا إلى المادة 59 من البروتوكول الأول الإضافي التي توضح المواقع المجردة من وسائل الدفاع[32].

---

[31] Bruno Zimmermann, "Article 85," in Yves Sandoz, Christophe Swinarski and Bruno Zimmermann (eds.), *Commentary on the Additional Protocols of 8 June 1977 to the Geneva Convention of 12 August 1949.*

[32] المادة 59: المواقع المجردة من وسائل الدفاع:
1. يحظر على أطراف النزاع أن يهاجموا بأية وسيلة كانت المواقع المجردة من وسائل الدفاع.
2. يجوز للسلطات المختصة لأحد أطراف النزاع أن تعلن مكاناً خالياً من وسائل الدفاع في أي مكان آهل بالسكان يقع بالقرب من منطقة تماس القوات المسلحة أو داخلها. ويكون مفتوحاً للاحتلال من جانب الخصم، موقعاً مجرداً من وسائل الدفاع. ويجب أن تتوافر في مثل هذا الموقع الشروط التالية:
أ. أن يتمّ إجلاء القوات المسلحة وكذلك الأسلحة المتحركة والمعدات العسكرية المتحركة عنه.
ب. ألا تستخدم المنشآت أو المؤسسات العسكرية الثابتة استخداماً عدائياً.
ج. ألا ترتكب أية أعمال عدائية من قبل السلطات أو السكان.
د. ألا يجري أي نشاط يوفر دعماً للعمليات العسكرية.
3. لا تتعارض الشروط الواردة في الفقرة الثانية مع وجود أشخاص في هذا الموقع مشمولين بحماية خاصة بمقتضى الاتفاقيات وهذا الحق "البروتوكول"، ولا مع بقاء قوات للشرطة يقتصر الهدف من بقائها على الحفاظ على القانون والنظام.
(....)
5. يجوز لأطراف النزاع الاتفاق على إنشاء مواقع مجردة من وسائل الدفاع حتى ولو لم تستوفِ هذه المواقع الشروط التي تنصّ عليها الفقرة الثانية، ويجب أن يحدد الاتفاق وأن يبين بالدقة الممكنة، حدود الموقع المجرد من وسائل الدفاع، كما يجوز أن ينصّ على وسائل الإشراف، إذا لزم الأمر. =

ومن نصّ المادة 59 فإنه يعدّ المكان مجرداً من وسائل الدفاع أو مكاناً أعزل إذا توفرت الأمور التالية:

- أن يكون المكان خالياً من وسائل الدفاع في أي مكان آهل بالسكان يقع بالقرب من منطقة تماس القوات المسلحة أو داخلها، ويكون مفتوحاً للاحتلال.
- أن يكون قد تمّ إجلاء جميع المقاتلين وجميع المعدات العسكرية المتحركة عن المكان.
- ألا تستخدم المنشآت العسكرية الثابتة استخداماً عدائياً.
- ألا ترتكب أيه أعمال عدائية من قبل السلطات أو السكان.
- ألاّ يجري أي نشاط داعم للعمليات العسكرية من ذلك المكان.

ويجب الإشارة هنا أنه إذا لم تتوفر هذه الشروط السابقة ذكرها فإنه ينتفي عن هذا المكان الحماية التي توفرها له هذه المادة[33]، ومع ذلك فإن الطرف المهاجم لهذا المكان الأعزل يجب عليه احترام القواعد الأخرى الواجب اتباعها لحماية المدنيين وقواعد القانون الدولي الأخرى التي تطبق في المنازعات المسلحة، وهذا يعني أن هجوماً ما على هذا المكان الأعزل الذي زالت عنه الحماية يمكن اعتباره جريمة حرب حسب المادة 2/8/ب/1 أو 2 أو 3 من معاهدة روما[34].

أوضحت اللجنة الدولية للصليب الأحمر في تعليقها على المادة 1/59:

> إعادة التأكيد على القاعدة المنصوص عليها في المادة 25 من قواعد لاهاي لسنة 1907 بأكملها، حيث أكدت وعدلت القانون العرفي المتعلق بأن منطقة

= 6. يجب على الطرف الذي يسيطر على موقع يشمله مثل هذا الاتفاق أن يَسِمَهُ قدر الإمكان بتلك العلامات التي قد يتفق عليها مع الطرف الآخر، على أن توضع بحيث يمكن رؤيتها بوضوح وخاصة على المحيط الخارجي طرقه الرئيسية.

7. يفقد أي موقع وضعه كموقع مجرد من وسائل الدفاع إذا لم يعد مستوفياً الشروط التي وضعتها الفقرة الثانية أو الاتفاق المشار إليه في الفقرة الخامسة. ويظلّ الموقع، عند تحقق هذا الاحتمال، متمتعاً بالحماية التي تنصّ عليها الأحكام الأخرى لهذا الحق "البروتوكول" وقواعد القانون الدولي الأخرى التي تطبق في المنازعات المسلحة.

[33] مادة 4/59:
يوجه الإعلان المنصوص عليه في الفقرة الثانية، إلى الخصم، وتحدد فيه وتبين بالدقة الممكنة، حدود الموقع المجرد من وسائل الدفاع. ويقرّ طرف النزاع الذي يوجه إليه هذا الإعلان، باستلامه ويعامل الموقع على أنه موقع مجرد من وسائل الدفاع، ما لم تكن الشروط التي تتطلبها الفقرة الثانية غير مستوفاة فعلاً، وفي هذه الحالة يقوم بإبلاغ ذلك فوراً إلى الطرف الذي أصدر الإعلان. ويظلّ هذا الموقع، حتى في حالة عدم استيفائه للشروط التي وضعتها الفقرة الثانية، متمتعاً بالحماية التي تنصّ عليها الأحكام الأخرى لهذا الحق "البروتوكول" وقواعد القانون الدولي الأخرى التي تطبق في المنازعات المسلحة.

[34] Knut Dormann, *op. cit.*, p. 182.

معينة تصبح منطقة لا يمكن الدفاع عنها إذا توفرت الشروط المنصوص عليها في الفقرات اللاحقة، وإن الإعلانات الأحادية أو الاتفاقيات يجب أن تخدم فقط للتأكيد على هذه الحالة[35].

ما بيناه سابقاً ينقلنا إلى الحديث عن تعريف الهدف العسكري المشروع ضربه من قبل أطراف النزاع، هذا التعريف ورد في المادة 2/52 من البروتوكول الأول الإضافي، حيث نصّت على أن "الأعيان التي تسهم مساهمة فعالة في العمل العسكري سواء كان ذلك بطبيعتها أم بموقعها أم بغايتها أم باستخدامها، والتي يحقق تدميرها التام أو الجزئي أو الاستيلاء عليها أو تعطيلها في الظروف السائدة حينذاك ميزة عسكرية أكيدة". بالمقارنة بهذا التعريف للهدف العسكري وما بيناه سابقاً من تعريف للموقع الأعزل المجرد من الدفاع فإنه تبين أنه يحظر حظراً مباشراً الهجوم على المكان الأعزل الذي لا يعدّ بأي حال من الأحوال هدفاً عسكرياً[36].

2. الركن المعنوي لهذه الجريمة:

حيث إن هذه المادة لا تنصّ مباشرة على الركن المعنوي الواجب توفره فإننا نطبق النص العام الوارد في المادة 30 من معاهدة روما، حيث نصّت على أنه:

1. ما لم ينص على غير ذلك لا يسأل الشخص جنائياً عن ارتكاب جريمة تدخل في اختصاص المحكمة، ولا يكون عرضة للعقاب على هذه الجريمة، إلا إذا تحققت الأركان المادية مع توافر القصد والعلم.
2. لأغراض هذه المادة يتوافر القصد لدى الشخص عندما:
   (أ) يقصد هذا الشخص, فيما يتعلق بسلوكه، ارتكاب هذا السلوك.
   (ب) يقصد هذا الشخص، فيما يتعلق بالنتيجة، التسبب في تلك النتيجة أو يدرك أنها ستحدث في إطار المسار العادي للأحداث.
3. لأغراض هذه المادة تعني لفظة "العلم" أن يكون الشخص مدركاً أنه توجد ظروف أو ستحدث نتائج في المسار العادي للأحداث، وتفسر لفظتا "يعلم" أو "عن علم" تبعاً لذلك.

[35] Claude Pilloud and Jean Pictet, "Article 59," in Yves Sandoz, Christophe Swinarski and Bruno Zimmermann (eds.), *Commentary on the Additional Protocols of 8 June 1977 to the Geneva Convention of 12 August 1949* (Geneva: Martinns Nijhoff, 1987), no. 2263.

[36] Knut Dormann, *op. cit.*, p. 177.

بالعودة إلى نصّ المادة 85/3/د[37]، فإنها اعتبرت اتخاذ المواقع المجردة من وسائل الدفاع، أو المناطق المنزوعة السلاح هدفاً للهجوم، واحدة من الانتهاكات الجسيمة لهذا "البروتوكول" إذا اقترفت عن عمد.

وكما هو واضح في تعليق اللجنة الدولية للصليب الأحمر على هذه المادة، فإن المهاجمين يجب عليهم أن يكونوا على علم ودراية أن هجومهم موجه إلى موقع مجرد من وسائل الدفاع[38].

وتجدر الإشارة هنا إلى أنه في الأيام الأولى للحرب على غزة، والتي أدت إلى استشهاد العديد من أفراد الشرطة، فإن وسائل الإعلام وخاصة الإسرائيلية منها قد روجت مشروعية ذلك الهجوم بلا أي سند قانوني، وذلك لأن أركان الجرائم التي تمّ اعتمادها من قبل جمعية الدول الأعضاء قد أكدت في معرض المادة 8/2/ب/5، أن وجود قوات شرطة استبقيت لغرض وحيد هو الحفاظ على القانون والنظام في ذلك المكان، لا يجعل هذا المكان في حدّ ذاته هدفاً عسكرياً[39].

هـ. جريمة الحرب المتمثلة في تدمير ممتلكات العدو أو الاستيلاء عليها ما لم يكن هذا التدمير أو الاستيلاء مما تحتمه ضرورات الحرب، مادة 8/2/ب/13 من معاهدة روما وجريمة الحرب المتمثلة في تدمير واسع النطاق بالممتلكات

---

[37] مادة 85/3:

تعدّ الأعمال التالية، فضلاً على الانتهاكات الجسيمة المحددة من المادة 11، بمثابة انتهاكات جسيمة لهذا الحق "البروتوكول" إذا اقترفت عن عمد، مخالفة للنصوص الخاصة بها في هذا الحق "البروتوكول"، وسببت وفاة أو أذى بالغاً بالجسد أو بالصحة:

أ. جعل السكان المدنيين أو الأفراد المدنيين هدفاً للهجوم.

ب. شنّ هجوم عشوائي، يصيب السكان المدنيين أو الأعيان المدنية عن معرفة بأن مثل هذا الهجوم يسبب خسائر بالغة في الأرواح، أو إصابات بالأشخاص المدنيين أو أضراراً للأعيان المدنية كما جاء في الفقرة الثانية من البند الأول ضمن ثالثاً من المادة 57.

ج. شنّ هجوم على الأشغال الهندسية أو المنشآت التي تحوي قوى خطرة عن معرفة بأن مثل هذا الهجوم يسبب خسائر بالغة في الأرواح، أو إصابات بالأشخاص المدنيين، أو أضراراً للأعيان المدنية كما جاء في الفقرة الثانية البند أ ضمن ثالثاً من المادة 57.

د. اتخاذ المواقع المجردة من وسائل الدفاع، أو المناطق المنزوعة السلاح هدفاً للهجوم.

[38] Bruno Zimmermann, "Article 85," in Yves Sandoz, Christophe Swinarski and Bruno Zimmermann (eds.), *Commentary on the Additional Protocols of 8 June 1977 to the Geneva Convention of 12 August 1949*; and Knut Dormann, op. cit., p. 182.

[39] لقراءة النص في اللغة العربية، انظر:

http://www.icc-cpi.int/library/about/officialjournal/Element_of_Crimes_Arabic.pdf

والاستيلاء عليها دون أن تكون هناك ضرورة عسكرية تبرر ذلك ومخالفة للقانون وبطريقة عابثة، مادة 8/2/أ/4 من معاهدة روما:

هاتان المادتان تتناولان موضوعاً واحداً وهو تدمير ممتلكات العدو بغير ضرورة عسكرية، وهناك اختلاف بسيط بين هاتين المادتين، فالمادة 8/2/ب/13 لها تطبيق أوسع من المادة 8/2/أ/4، وأيضاً نطاق التجريم يختلف اختلافاً بسيطاً، ففي المادة 8/2/أ/4، نطاق التدمير للممتلكات يجب أن يكون واسع النطاق وبدون ضرورة عسكرية، أما في المادة 8/2/ب/13 فإنها تجرم الاستيلاء وتدمير الممتلكات ما لم يكن هذا التدمير أو الاستيلاء مما تحتمه ضرورات الحرب.

1. الركن المادي لهاتين الجريمتين:

كما هو واضح من نصّ هاتين المادتين فإن التجريم يقتضي أن يكون تدميراً بالممتلكات أو تدميراً واسع النطاق بالممتلكات، والأمر الآخر ألا تكون هناك ضرورة عسكرية تبرر ذلك، وهذا ما أوضحته الممارسات العملية للادعاء العام في محكمة الجزاء الدولية ليوغوسلافيا السابقة[40].

أما في قضية ميلان كوفاسيفيك Milan kovacevic فإن الادعاء العام في محكمة الجزاء الدولية ليوغوسلافيا السابقة قد قال:

"أي تدمير للمدن أو القرى التي تحصل أثناء العمليات الحربية يجب أن يكون لضرورة عسكرية وأن يكون ذلك التدمير مرتبط ارتباطاً وثيقاً للسيطرة على قوات العدو"[41].

أما المادة 55 من قواعد لاهاي Hague Conventions فنصّت على:

"يجب النظر إلى الدولة المحتلة على أنها فقط سلطة إدارية تدير المباني العامة والعقارات الموجودة في الأرض المحتلة".

في حين نصّت المادة 46 من قواعد لاهاي على:

"يجب احترام الملكية الخاصة... والملكية الخاصة لا يمكن مصادرتها".

---

[40] ICTY, The *Prosecutor v. Milan Kovacevic*, Prosecutor's Pre-trial Brief, IT-97-24-PT, p. 16; and ICTY, The *Prosecutor v. Dario Kordic and Mario Cerkez,* Prosecutor's pre-trial brief, IT-95-14/2-PT, p. 46.

[41] ICTY, The *Prosecutor v. Milan Kovacevic*, Prosecutor's Pre-trial Brief, IT-97-24-PT, p.20.

2. الركن المعنوي لهاتين الجريمتين:

نصّت المادة 2/8/ب/13 من أركان الجرائم على التالي:

- أن تكون هذه الممتلكات مملوكة لطرف معادٍ.
- أن تكون هذه الممتلكات مشمولة بالحماية من التدمير أو الاستيلاء عليها بموجب القانون الدولي للنزاع المسلح.
- ألا تكون هناك ضرورة عسكرية تبرر تدمير الممتلكات أو الاستيلاء عليها.

أما المادة 2/8/أ/4 من أركان الجرائم فأضافت ركناً آخر يتمثل في أن يكون التدمير أو الاستيلاء واسع النطاق وتعسفياً.

وحيث إن هذه المواد لا تنصّ مباشرة على الركن المعنوي الواجب توفره، فإننا نطبق النصّ العام الوارد في المادة 30 من معاهدة روما، التي سبقت الإشارة إليها.

وفي قضية بلاسكيك أمام محكمة الجزاء الدولية ليوغوسلافيا السابقة، فقد تمّ تحديد الركن المعنوي على النحو التالي:

"التدمير يجب أن يحدث بشكل متعمد أو يكون أحد النتائج المتوقعة الناتجة عن فعل المتهم"[42].

أما في قضية كورديك وسيركيز أمام المحكمة نفسها فقالت:

"إن مرتكب الفعل المجرَّم قد تعمد تدمير الملكية محل النقاش، أو بسبب إهماله قد صرف النظر عن تدميرها المتوقع"[43].

وهذا يعني أن عنصر القصد لم يُشَر إليه صراحة في أركان الجرائم على عكس المحاكم الدولية الأخرى[44].

3. مبدأ الضرورة العسكرية، ومبدأ التناسب، ومبدأ الدفاع عن النفس:

بـررت القيـادة السياسـية والعسـكرية الإسرائيليـة عمليـات القصـف والتدمـير والقتـل

---

42 ICTY, *The Prosecutor v. Tihomir Blaskic*, Judgement, IT-95-14-T, Para. 183, 122 ILR 1 at 72.

43 ICTY, *The Prosecutor v. Dario Kordic and Mario Cerkez*, Judgement, IT-94-14/2-T, para. 346; and Otto Triffterer (ed.), *Commentary on the Rome Statute of the International Criminal Court: Observers' Notes, Article by Article* (Baden-Baden: Nomos, 1999), p. 227.

44 Knut Dormann, *op.* cit., p. 81, 249.

الجاري تنفيذها على صعيد قطاع غزة بضرورات عسكرية[45]، كما تدعي بأن هذه الأعمال تأتي في سياق الممارسة القانونية لحق "إسرائيل" في الدفاع الشرعي عن النفس بمواجهة الصواريخ الجاري إطلاقها من قطاع غزة صوب التجمعات السكانية الإسرائيلية[46].

وبهذا الصدد نتساءل عن حقيقة موقع الضرورة العسكرية ومكانتها من أعمال القصف والتدمير الذي ألحقته قوات الاحتلال الإسرائيلي بسكان قطاع غزة... .

يتفق الفقه والقانون والقضاء الدولي على أن الضرورة العسكرية محكومة ومقيدة بعدة شروط قانونية منها:

- ارتباط الضرورة العسكرية بسير العمليات الحربية بين قوات الاحتلال وأفراد المقاومة في الأراضي المحتلة، ولهذا لا يمكن الادعاء بقيام الضرورة العسكرية وتوافرها في الظروف الاعتيادية وحالة الهدوء[47].
- الطبيعة المؤقتة لهذه الضرورة، بمعنى أن الضرورة العسكرية ليست حالة دائمة ومستمرة وإنما هي بالنظر لطابعها الاستثنائي ليست بأكثر من حالة واقعية مؤقتة تبدأ ببداية الفعل الذي استوجب وحتّم قيام هذه الحالة وتنتهي بنهايته وزواله.
- أن لا تكون الإجراءات المستخدمة تنفيذاً لحالة الضرورة محظورة بموجب القانون الدولي الإنساني، فلا يجوز مثلاً لمن يتذرع بقيام حالة الضرورة العسكرية أن يلجأ إلى استخدام الأسلحة المحرمة وأن يقوم بعمليات قصف للسكان المدنيين وممتلكاتهم[48].

---

45 H. Mcoubrey, "The nature of the modern doctrine of military necessity," *Revue de droit militaire*, vol. XXX, 1991, pp. 215-243; and G.I.A.D. Draper, O.B.E. LL.M, "Military necessity and humanitarian imperatives," *Revue de droit militaire*, vol. XXX, 1991, pp. 129-143.

46 Michael Paulin, "Self-defence is no defence", *The Guardian* newspaper, London, 21/1/2009, http://www.guardian.co.uk/commentisfree/2009/jan/21/gaza-humanrights

47 Judith Gardam, "The place of necessity and proportionality in restraints on the forceful actions of states," in Necessity, *Proportionality and the Use of Force by States* (Cambridge: Cambridge University Press, 2004), http://assets.cambridge.org/97805218/37521/excerpt/9780521837521_excerpt.pdf

48 Judith Gardam, Necessity, *Proportionality and Use of Force by States* (Cambridge: Cambridge University Press, 2004), p. 259; and Christian Wicker, *The Concepts of Proportionality and states Crimes in International Law: An Analysis of the Scope of Proportionality in the Light of Self-Defence and in the Regime of International Countermeasures and an Evaluation of the Concept of State Crimes series, 69* (Schriften Zum Internationalen Und Zum Öffentlichen Recht) (New York: Peter Lang, 2006), p. 177.

كما أن إقرار أحكام وقواعد القانون الدولي الإنساني بمشروعية خروج المحتل على بعض أحكام ومبادئ القانون, كاستثناء حال توافر وقيام الضرورة العسكرية، لم يأتِ عامّاً وعلى وجه الإطلاق، وإنما قيدت قواعد الحرب هذا الاستثناء بمبادئ قانونية منها:

• **مبدأ التناسب:**

يقتضي هذا المبدأ بضرورة أن تتلاءم أعمال القصف والتدمير والتخريب للممتلكات الخاصة أو العامة الجاري تنفيذها من قبل قوات الاحتلال لغاية الضرورة العسكرية، مع متطلبات واحتياجات سكان الإقليم المدنيين[49]، وبالتالي لا يجوز بأي حال لقوات الاحتلال حتى في ظلّ قيام مبررات الضرورة العسكرية وتوافرها، أن تستخدم هذا الحقّ على وجه قد يؤدي إلى المساس باحتياجات السكان أو قد يؤدي إلى وضعهم في ظروف معيشية صعبة[50]، أو التأثير على استقرارهم وبقائهم في هذه الأراضي وهذا ما بيناه سابقاً. ومن جانب آخر يعني مبدأ التناسب في هذه الحالة أن يتناسب حجم الرد الجاري القيام به من قبل الطرف الممارس لحالة الضرورة العسكرية وطبيعته مع حقيقة حجم ومقدار الخطر الفعلي المواجه له[51].

• **مبدأ تقييد وضبط وسائل إلحاق الضرر بالخصم:**

نصّت على هذا المبدأ المادة 22 من لائحة لاهاي بقولها "ليس للمتحاربين حقّ مطلق في اختيار وسائل إلحاق الضرر بالعدو"، وكذلك المادة 35 من بروتوكول جنيف الأول "إن حقّ أطراف أي نزاع مسلح في اختيار أساليب ووسائل القتال ليس حقاً لا تقيده قيود".

وهذا يعني أن على الأطراف المتحاربة في ظلّ توافر الضرورة العسكرية وقيامها أن تأخذ بعين الاعتبار ضرورة أن تتماشى طبيعة الوسائل التي قد تستخدمها مع ما هو جائز ومسموح لها باستخدامه، استناداً لقواعد القانون الدولي الإنساني[52].

---

[49] G.I.A.D. Draper, O.B.E. LL.M, "Military necessity and humanitarian imperatives," *Revue de droit militaire*, vol. XXX, 1991, pp. 129-143.

[50] Angus Martyn, "The Right of Self-Defence under International Law-the Response to the Terrorist Attacks of 11 September," Site of Parliament of Australia, 12/2/2002,
http://www.aph.gov.au/library/Pubs/CIB/2001-02/02cib08.htm

[51] Louise Doswald-Beck and Sylvain Vité, "International Humanitarian Law and Human Rights Law," *International Review of the Red Cross journal*, ICRC, no. 293, 30/4/1993, p.101.

[52] Angus Martyn, "The Right of Self-Defence under International Law-the Response to the Terrorist Attacks of 11 September," A.P.V. Rogers, "Zero-casualty warfare," International *Review of the Red Cross,* no. 837, 31/3/2000, p. 165-181; and Michael N. Schmitt, "Precision attack and international law", *International Review of the Red Cross* journal, ICRC, vol. 87, no. 859, September 2005, pp. 445-466.

بالعودة إلى التساؤل عن حقيقة موقع الضرورة العسكرية ومكانتها من أعمال قصف قوات الاحتلال الإسرائيلي للمنازل والممتلكات الفلسطينية الخاصة والعامة وتدميرها، يمكننا القول بأن قوات الاحتلال الإسرائيلي قد انتهكت معايير قواعد القانون الدولي الإنساني المنظمة للاحتلال العسكري[53]، فأعمال القصف والقتل والهدم والتخريب الجاري القيام بها وتنفيذها، لم تحتمها كما هو ثابت الضرورة العسكرية، ولعل ما قدمناه من أدلة ووقائع يدحض الادعاءات الإسرائيلية، ويؤكد على حقيقة ارتكاب الاحتلال الإسرائيلي لجرائم حرب، ولا شك في ذلك[54].

وهذ ما أكدته مجموعة من مشاهير القانون الدولي منهم شريف بسيوني وإيان براونلي Ian Brownlie عندما أكدوا على:

إن قتل أكثر من 800 فلسطيني، غالبيتهم من المدنيين، وأكثر من 3,000 جريح بالإضافة إلى تدمير المدارس والمساجد والبيوت ومواقع الأمم المتحدة والمباني الحكومية، وكلها تقع تحت حماية إسرائيل باعتبارها دولة احتلال حسب اتفاقية جنيف الرابعة، لا يمكن مقارنته بعدد القتلى من صواريخ حماس... لذلك وحتى هذا الوقت يبقى قطاع غزة أرض محتلة حسب القانون الدولي، لأن إسرائيل تسيطر فعلياً على قطاع غزة. الأفعال الإسرائيلية هي بمثابة عدوان وليست دفاعاً عن النفس. الهجوم على غزة يعدّ بمثابة عقاب جماعي مخالف للقانون الدولي الإنساني. إضافة إلى ذلك فإن منع مساعدات الإغاثة، وممارسة الحصار على القطاع، وتدمير البنية التحتية المدنية، ومنع وصول الحاجات الأساسية مثل الطعام والوقود تعتبر جرائم حرب[55].

إنّ ما يجب التأكيد عليه هنا أن محكمة العدل الدولية في قرارها الخاص بالنتائج القانونية المترتبة على بناء الجدار في الأراضي الفلسطينية المحتلة قد أكدت أن "إسرائيل" كدولة محتلة لا يمكنها التذرع بالمادة 51 من ميثاق الأمم المتحدة الخاصة بمبدأ الدفاع عن النفس عن أي هجوم صادر من الأراضي التي تحتلها، وقالت:

---

[53] Victor Kattan, "Gaza: not a war of self-defense," 19/1/2009, http://www.humanrights-geneva.info/Gaza-Not-a-war-of-self-defense, 4031

[54] ورقة موقف قانوني أعدتها مؤسسة الحق من العدوان الإسرائيلي على قطاع غزة في ضوء القانون الدولي الإنساني، موقع مركز القاهرة لدراسات حقوق الإنسان، 2009/1/7، انظر:

http://www.cihrs.org/Arabic/NewsSystem/Articles/901

[55] Israel's bombardment of Gaza is not self-defence - It's a war crime, *The Sunday Times* newspaper, London, 11/1/2009.

وهكذا تقرّ المادة 51 من ميثاق الأمم المتحدة بوجود حقّ طبيعي في الدفاع عن النفس في حالة شنّ دولة اعتداء مسلحاً على دولة أخرى، بيد أن إسرائيل لا تدعي أن الاعتداءات عليها يمكن أن تنسب إلى دولة أجنبية. وتلاحظ المحكمة أيضاً أن إسرائيل تمارس السيطرة في الأرض الفلسطينية المحتلة، وأن التهديد الذي تعتبره، حسبما ذكرت إسرائيل نفسها، مبرراً لتشييد الجدار ينبع من داخل تلك الأرض وليس خارجها، ومن ثم لا يمكن لإسرائيل بأي حال الادعاء بأنها تمارس الحق في الدفاع عن النفس. وبالتالي تخلص المحكمة إلى أن المادة 51 من الميثاق لا علاقة لها بهذه الحالة[56].

وهذا يعني أن حقّ الدفاع المشروع يتمّ اللجوء إليه من قبل أشخاص القانون الدولي الذين وقع عليهم الاعتداء وليس العكس، فالدولة المعتدية لا يحق لها أن تستخدم حقّ الدفاع المشروع، و"إسرائيل" أولاً دولة محتلة، يعني أنها معتدية قانوناً فلا يحق لها استخدام هذا الحق.

4. بعض الوقائع الدالة على ارتكاب هذه الجريمة:

• تعمد قصف الأجهزة الأمنية الفلسطينية، والتي لا تشكل أهدافاً عسكرية، الساعة 11:00 صباح يوم السبت الموافق 2008/12/27 بما فيها: موقع عبد العزيز الرنتيسي غربي جباليا وتدميره بالكامل حيث سقط فيه تسعة شهداء وعشرات الجرحى من أفراد الأمن، وموقع الشرطة البحرية غربي بيت لاهيا وتدميره بالكامل وسقوط ثلاثة شهداء، وقصف موقع قوات الأمن الوطني شرقي مخيم جباليا وتدميره بالكامل[57].

• في يوم 2008/12/27 قصفت طائرات الاحتلال مدينة عرفات للشرطة وسط مدينة غزة، حيث كان يقام حفل تخريج لدورة شرطة مدنية، وقد استشهد أربعون شرطياً من بينهم مدير عام الشرطة.

• في يوم 2008/12/27 قصفت الطائرات الإسرائيلية 15 موقعاً مدنياً بالتزامن في محافظة الوسطى منها: موقعي الدفاع المدني والشرطة في مدينة الزهراء، ومواقع الدفاع المدني وشرطة حفظ النظام والتدخل وشرطة المرور والشرطة البحرية والشرطة العامة[58].

---

[56] I.C.J., *Legal Consequences of the Construction of a Wall in the Occupied Palestinian Territory*, Advisory Opinion of 9/7/2004, I.C.J. Report 131, at para. 139, http://www.icj-cij.org

[57] المركز الفلسطيني لحقوق الإنسان، "التقرير الأسبوعي حول الانتهاكات الإسرائيلية في الأراضي الفلسطينية المحتلة 24-2008/12/31."

[58] المرجع نفسه.

- في يوم 2008/12/28 تمّ قصف جزء من مقر السرايا الحكومي، والذي يحتوي على سجن غزة المركزي.
- في يوم 2008/12/28 قامت الطائرات الحربية الإسرائيلية بقصف مسجد عماد عقل المكون من ثلاثة طوابق في مخيم جباليا، مما أسفر عن تدمير المسجد وتدمير منزل مجاور.
- في يوم 2008/12/28 قصفت الطائرات الحربية الإسرائيلية مسجد البورنو المقابل لمستشفى مجمع الشفاء الطبي وسط مدينة غزة، مما أدى إلى استشهاد ثلاثة مدنيين.
- في يوم 2008/12/29 قصفت الطائرات الحربية الإسرائيلية مبنى المختبرات في قسم الطالبات بالجامعة الإسلامية بغزة، مما أدى إلى تدميره[59].
- في يوم 2008/12/29 تمّ قصف مؤسسة الجريح الفلسطيني في مخيم الشاطئ.
- في يوم 2008/12/29 قصفت الطائرات الحربية الإسرائيلية مسجد الزاوية في عزبة عبد ربه شرقي بلدة جباليا، مما أدى إلى تدمير المسجد.
- في يوم 2008/12/30 قصفت طائرة إسرائيلية مسجد الفاروق عمر بن الخطاب الواقع في مخيم البريج، مما أدى إلى تدمير المسجد.
- في يوم 2008/12/31 تعمدت القوات الإسرائيلية قصف مجمع الوزارات في حي تلّ الهوى.
- في 2009/1/1 استهدفت قوات الاحتلال مبنى تابعاً للمجلس التشريعي، إضافة إلى وزارتي العدل والتربية والتعليم في حي تلّ الهوى[60].
- في 2009/1/15 تعرض مركز غزة للإعلام إلى قصف مدفعي عنيف، حيث يقع المركز في الطابق السابع من برج الشروق بحي الرمال وسط مدينة غزة، وأسفر ذلك عن إلحاق أضرار جسيمة في المبنى وإصابة الصحفيين بجراح.
- في 2009/1/16 تمّ قصف مقر شرطة خان يونس الرئيسي وإلحاق دمار به، وكذلك تمّ قصف مقر بلدية خان يونس وعدد من المنازل السكنية[61].
- تدمير قرية جحر الديك في قطاع غزة، حيث أصبح سكان القرية البالغ عددهم خمسة آلاف نسمة بدون مأوى، فلا أثر للمباني ولا للأشجار، ولم يكتف الاحتلال

---

[59] المرجع نفسه.

[60] إسرائيل تكثف غاراتها وتقصف التشريعي ومواقع مدنية، الجزيرة.نت، 2009/1/1.

[61] المركز الفلسطيني لحقوق الإنسان، "التقرير الأسبوعي حول الانتهاكات الإسرائيلية في الأراضي الفلسطينية المحتلة 1-2009/1/7."

بتدمير المنازل وإنما سوّاها بالأرض وسحقها بدباباته بما فيها من أثاث ومتاع. ويقول الحاج صبحي الشاويش (64 عاماً)، الذي دمر الاحتلال منزله ومنازل أبنائه الستة ومزارع أبقار وبئر مياه ومنجرة وسيارة وعشرات الدونمات المزروعة بالبرتقال، "لم أصدق أن هذه منازلنا وأراضينا التي عشنا فيها منذ عشرات السنين"[62].

- ما أورده تقرير المركز الفلسطيني لحقوق الإنسان عن استهداف الجيش الإسرائيلي للمباني المدنية والحكومية والدينية والثقافية في الصفحات 124-161[63].
- ما أورده تقرير منظمة العفو الدولية Amnesty International عن الاستهداف العمد من قبل الجيش الإسرائيلي للبيوت والمباني المدنية بدون أي مبرر في الصفحات 54-60[64].
- ما أورده تقرير الجامعة العربية حول تعمد الجيش الإسرائيلي في تدمير المباني والبيوت المدنية، حيث أورد التقرير أن 90% من التدمير حدث في الأيام الأخيرة من الحرب، انظر في الصفحات 74-76[65].
- ما أورده تقرير جمعية المحامين الوطنية في أمريكا من تعمد الجيش الإسرائيلي قصف البنية التحتية المدنية في الصفحات 16-18[66].

---

[62] إخفاء الصهاينة جرائمهم.. رعب الملاحقة الدولية!، دمار واسع خلفه القصف الوحشي الصهيوني على غزة، موقع إخوان أون لاين، 2009/1/29؛ والعطاطرة... زلزال إسرائيل مرّ من هنا، الجزيرة.نت، 2009/1/19؛ والعدوان غيّر معالم عزبة عبد ربه وسوى منازلها بالأرض، الجزيرة.نت، 2009/1/20؛ وجيش الاحتلال الإسرائيلي أزال قرية جحر الديك من الوجود، الجزيرة.نت، 2009/1/21؛ وغرباء في حي الزيتون بعد أن تغيّرت معالم المكان، الجزيرة.نت، 2009/1/21؛ وشهادات حية على تنكيل جنود الاحتلال بسكان تل الهوى، الجزيرة.نت، 2009/1/21؛ و http://www.ikhwanonline.com/Article.asp?ArtID=44826&SecID=341؛ و http://www.ikhwanonline.com/Article.asp?ArtID=44227&SecID=271

[63] PCHR, *Targeted Civilians, APCHR Report on the Israeli Military Offensive against the Gaza Strip* (27/12/2008-18/1/2009).

[64] أمنستي: إسرائيل استخدمت الفوسفور الأبيض بحرب غزة، الجزيرة.نت، 2009/1/19؛ ومنظمة العفو الدولية، "إسرائيل/ غزة، عملية "الرصاص المسكوب": 22 يوماً من الموت والدمار"، 2009، انظر:
http://www.amnesty.org/en/library/asset/MDE15/015/2009/en/e2ae509e-172b-48c4-a9de-57c14325f481/mde150152009ara.pdf

[65] للاطلاع على تقرير الجامعة العربية حول جرائم غزة، انظر:
No Safe Place: Report of the Independent Fact Finding Committee on Gaza, presented to the League of Arab States (LAS), 30/4/2009.

[66] National lawyers Guild, "Onslaught: Israel's Attack On Gaza & The Rule Of Law (27/12/2008-18/1/2009)."

- ما أورده تقرير المركز الفلسطيني لحقوق الإنسان تحت عنوان جرائم الحرب ضدّ الأطفال الصادر في أيار/ مايو 2009, استهداف المدنيين في مناطق لم تكن أهدافاً عسكرية في الصفحات 28-45[67].
- أكد تقرير بعثة الأمم المتحدة لتقصي الحقائق في الفصل السابع أن "إسرائيل" انتهكت القانون الدولي الإنساني، عندما قامت باستهداف المباني المدنية والحكومية ومباني الشرطة الفلسطينية، ولم تأخذ اللجنة بوجهة النظر الإسرائيلية التي قالت إن المباني الحكومية هي جزء من البنية الأساسية لحماس[68].
- أكد تقرير بعثة الأمم المتحدة لتقصي الحقائق في الفصل التاسع أن القوات المسلحة الإسرائيلية قد انتهكت ما يتطلبه القانون الدولي العرفي من اتخاذ جميع الاحتياطات الممكنة لتجنب إلحاق الضرر بالمدنيين، وذلك عندما قامت بشنّ هجوم على مجمع المكاتب الميداني للأونروا، وقصفته بالذخائر العالية التفجير وذخائر الفوسفور الأبيض، وقالت إن الهجوم كان خطيراً إلى أبعد حدّ بالنظر إلى أن هذا المجمع كان يتيح المأوى لما بين 600-700 شخص من المدنيين، وكان يتضمن مستودعاً ضخماً للوقود[69].
- أدى العدوان الإسرائيلي على قطاع غزة إلى تدمير قطاعات اقتصادية، منها: القطاع الزراعي الذي بلغت خسائره تسعة ملايين دولار، وأعلنت وزارة الزراعة في غزة توقف ري ما نسبته 80% من الأراضي الزراعية في القطاع، ودمرت قوات الاحتلال نحو ألف منشأة زراعية، وأصيبت مرافق وزارة الزراعة ومبانيها بأضرار فادحة نتيجة قصفها، بما في ذلك مقر الوزارة الرئيسي في مدينة غزة الذي دُمِّر بشكل كامل، ودمرت قوات الاحتلال وأغرقت العشرات من مراكب ومعدات ومنشآت الصيادين، إضافة إلى فرض طوق بحري شامل على سواحل غزة[70].

---

[67] PCHR, *War crimes against children*, A PCHR Investigation into Palestinian Children Killed by Israeli Forces in the Gaza Strip (27/12/2008-18/1/2009), May 2009.

[68] Human Rights Council, Human Rights in Palestine and Other Occupied Arab Territories: Report of the United Nations Fact Finding Mission on the Gaza Conflict, 12th session,15/9/2009, A/HRC/12/48.

[69] Ibid.

[70] الحرب دمرت مكونات البيئة المتدهورة في قطاع غزة، الجزيرة.نت، 2009/3/23؛ والعدوان الإسرائيلي على غزة يدمر الزراعة والصيد البحري، الجزيرة.نت، 2009/1/15.

و. جريمة الحرب المتمثلة في إجبار رعايا الطرف المعادي على الاشتراك في عمليات حربية موجهة ضدّ بلدهم، حتى وإن كانوا قبل نشوب الحرب في خدمة الدولة المحاربة، مادة 8/2/ب/15 من معاهدة روما، وجريمة الحرب المتمثلة في إرغام أي أسير حرب أو أي شخص آخر مشمول بالحماية على الخدمة في صفوف دولة معادية، مادة 8/2/أ/5 من معاهدة روما:

1. الركن المادي لهاتين الجريمتين:

إن التجريم المنصوص عليه في هاتين المادتين يشمل رعايا الطرف المعادي الذين يجدون أنفسهم في أراضي دولة طرف في النزاع، وأيضاً يشمل رعايا الطرف المعادي في الأراضي المحتلة بغضّ النظر إذا ما كانوا رعايا الدولة المحتلة أو دولة أخرى.

إن التجريم الوارد هنا يكمن في إجبار رعايا الطرف المعادي في الاشتراك في عمليات حربية ضدّ بلدهم، ولا يشمل ذلك فقط الخدمة في صفوف جيش الاحتلال أو المشاركة مشاركة مباشرة في العمليات الحربية، وإنما يشمل أيضاً أية أفعال مهما كانت متعلقة بالحرب.

فالمادة 2/51 من اتفاقية جنيف الرابعة تنصّ على أن دولة الاحتلال لا يجوز لها أن تجبر المدنيين على القيام بأي عمل يمكن أن يؤدي بهم إلى المشاركة في العمليات الحربية[71].

وفي المقابل، فإن المادة نفسها أجازت لدولة الاحتلال إجبار الأشخاص المتمتعين بالحماية على العمل في تلبية حاجات جيش الاحتلال، أو أعمال المنفعة العامة، أو إطعام المدنيين الخاضعين لدولة الاحتلال، أو المساعدة في كسوتهم أو نقلهم[72].

---

[71] Otto Triffterer (ed.), *op. cit.*, p. 236.

[72] المادة 51:
لا يجوز لدولة الاحتلال أن ترغم الأشخاص المحميين على الخدمة في قواتها المسلحة أو المعاونة.
كما يحظر أي ضغط أو دعاية بغرض تطوعهم. ولا يجوز لها أن ترغم الأشخاص المحميين على العمل إلا إذا كانوا فوق 18 من العمر، وفي هذه الحالة تقتصر الخدمة على الأعمال اللازمة لتوفير احتياجات جيش الاحتلال أو في خدمة المصلحة العامة، أو لتوفير الغذاء أو المأوى أو الملبس أو النقل أو الصحة لسكان البلد المحتل. ولا يجوز إرغام الأشخاص المحميين على القيام بأي عمل يترتب عليه التزامهم بالاشتراك في عمليات حربية. ولا يجوز لدولة الاحتلال أن ترغم الأشخاص المحميين على استعمال القوة لتأمين أمن المنشآت التي يقومون فيها بتأدية عمل إجباري. ولا يجري تنفيذ العمل إلا في داخل الأراضي المحتلة التي يوجد بها الأشخاص المعنيون. ويبقى كل شخص بقدر الاستطاعة في مكان عمله المعتاد. ويعطى عن العمل أجر منصف ويكون العمل متناسباً مع قدرات العمال البدنية والعقلية. ويطبق على الأشخاص المحميين المكلفين بالأعمال المشار إليها في هذه المادة التشريع الساري في البلد المحتل فيما يتعلق بشروط العمل والتدابير الوقائية، وبخاصة فيما يتصل بالراتب، وساعات العمل، وتجهيزات الوقاية، والتدريب المسبق، والتعويض عن حوادث العمل والأمراض المهنية. لا يجوز بأي حال أن يؤدي حشد القوة العاملة إلى تعبئة العمال في تنظيم ذي صبغة عسكرية أو شبه عسكرية.

2. الركن المعنوي لهاتين الجريمتين:

نصّت المادة 2/8/ب/15 من أركان الجرائم على التالي:

- أن يقوم مرتكب الجريمة عن طريق الفعل أو التهديد، بإكراه شخص أو أكثر من شخص على الاشتراك في عمليات حربية ضدّ بلد ذلك الشخص أو ضدّ قواته.
- أن يكون هذا الشخص أو هؤلاء الأشخاص من رعايا طرف معادٍ.

وهذه هي الأركان نفسها الواردة في المادة 2/8/أ/5, أي أن ذلك يتمثل في تعمد الفاعل ارتكاب هذا العمل، وهو إجبار رعايا الطرف المعادي على الاشتراك في عمليات حربية، مع العلم بالظروف الواقعية المحيطة بهذا الفعل.

وحيث إن هذه المواد لا تنصّ مباشرة على الركن المعنوي الواجب توفره، فإننا نطبق النصّ العام الوارد في المادة 30 من معاهدة روما، التي سبقت الإشارة إليها.

3. بعض الوقائع الدالة على ارتكاب هذه الجريمة:

لقد قامت قوات الجيش الإسرائيلي وعلى مدار عدوانه على غزة بإجبار السكان المدنيين من قطاع غزة وتشجيعهم على الاشتراك في العمليات الحربية، وذلك عندما كانت تلقي بمناشير على سكان غزة من الطائرات الإسرائيلية، وقد كانت تحمل تلك المناشير صور مبانٍ قصفها الجيش، وتطالب أهالي القطاع بتزويد الجيش بأماكن تواجد منصات إطلاق الصواريخ وعصابات "الإرهاب".

وجاء في إحدى هذه المناشير:

> إلى سكان قطاع غزة. خذوا مسؤولية على مصيركم. إذا رغبتم بمساعدة عائلاتكم وإخوانكم في القطاع، كل ما عليكم فعله هو الاتصال بنا وإخبارنا عن المواقع التي تتواجد بها منصات إطلاق الصواريخ وعصابات الإرهاب، التي حولتكم إلى رهائن. منع الفظائع بأيديكم. يسرنا تلقي أي معلومة منكم وذلك دون أن تفصحوا عن تفاصيلكم الشخصية. السرية مضمونة[73].

---

[73] عدالة - المركز القانوني لحقوق الأقلية العربية في إسرائيل، عدالة للمستشار القضائي للحكومة: توزيع مناشير تحمل صور الدمار وتطالب سكان قطاع غزة بالتعاون مع الجيش هو محاولة مرفوضة ومحرمة لإقحام المدنيين في العمليات العسكرية، 2009/1/18، انظر:

http://www.adalah.org/ara/pressreleases.php?pr=09_01_18

إن هذا يدل على أن الجيش الإسرائيلي قد لجأ إلى تهديد المدنيين الذين يرفضون تزويده بمعلومات عسكرية على تدمير بيوتهم، وإن التعاون مع الجيش الإسرائيلي هو شرط النجاه من القصف، وهذا يعدّ إقحاماً للمدنيين في العمليات الحربية والتعاون مع الطرف المعادي لهم، وهذا الفعل يشكل جريمة حرب لا شكّ فيها.

ز. جريمة الحرب المتمثلة في تعمد شنّ هجمات ضدّ موظفين مستخدمين أو منشآت أو مواد أو وحدات أو مركبات مستخدمة في مهمة من مهام المساعدة الإنسانية... ما داموا يستحقون الحماية التي توفر للمدنيين أو للمواقع المدنية بموجب القانون الدولي للمنازعات المسلحة، مادة 2/8/ب/3 من معاهدة روما:

1. الركن المادي لهذه الجريمة:

الحماية المكفولة للأفراد المشاركين في أعمال الغوث قد تمّ النصّ عليها بشكل صريح في المادة 2/71 من البروتوكول الأول الإضافي، حيث نصّت على "يجب احترام الأفراد المشاركين في أعمال الغوث وحمايتهم".

ومن جهة أخرى نصّت المادة 70 في الفقرات 2-4 من البروتوكول الأول الإضافي على:

2. على أطراف النزاع... أن يسمح ويسّهل المرور السريع وبدون عرقلة لجميع إرساليات وتجهيزات الغوث والعاملين عليها...

3. ج. لا يجوز لأطراف النزاع وكل طرف سامٍ متعاقد أن تحوّل بأي شكل كان إرساليات الغوث عن مقصدها ولا أن تؤخر تسييرها إلاّ في حالات الضرورة القصوى ولصالح السكان المدنيين المعنيين...

4. تحمي أطراف النزاع إرساليات الغوث وتسهل توزيعها السريع.

إن أي هجوم ضدّ الأفراد المشاركين في أعمال الغوث أو منشآتهم أو المواد أو الوحدات المستخدمة في أعمال الغوث يشكل جريمة حرب، وهذا تماماً مشابه لجريمة الحرب ضدّ المدنيين أو الأعيان المدنية[74].

2. الركن المعنوي لهذه الجريمة:

نصّت أركان الجرائم لهذه المادة على "3. أن يتعمد مرتكب الجريمة جعل هؤلاء الموظفين أو المنشآت أو المواد أو الوحدات أو المركبات المستخدمة على هذا النحو هدفاً للهجوم".

[74] Knut Dormann, *op.* cit., p. 153.

إن ما سبق وقلناه بخصوص المادة 2/8/ب/1 و2 ينطبق أيضاً هنا.

3. بعض الوقائع الدالة على ارتكاب هذه الجريمة:

- أبلغت وكالة الأمم المتحدة لإغاثة وتشغيل اللاجئين قوات الاحتلال في 2009/1/2 مواقع ومدارس تابعة للوكالة زودت إحداثياتها لقيادة الاحتلال لإعلامهم بأن هذه المدارس والمواقع قد تمّ استخدامها كملاذ للسكان، أي أنها مواقع محمية، وعلى الرغم من ذلك وفي 2009/1/6 تمّ قصف محيط مدرسة الفاخورة بثلاث قذائف، وهذه المدرسة آوت فيها عشرات العائلات التي نزحت من مناطق سكنها من بيت لاهيا، مما أدى إلى استشهاد 43 مواطناً من بينهم 13 طفلاً و6 نساء، وهذه المدرسة تابعة لوكالة الغوث للاجئين التابعة للأمم المتحدة.
- في 2009/1/6 قصفت طائرة إسرائيلية بصاروخ مدرسة تابعة لوكالة غوث وتشغيل اللاجئين الفلسطينية في مخيم الشاطئ، مما أدى إلى استشهاد ثلاثة أشخاص من عائلة السلطان، وهي من العائلات التي نزحت عن مناطق سكنها إلى مدارس الوكالة، والشهداء هم: عبد سمير السلطان (17 عاماً)، وحسين محمود السلطان (24 عاماً)، وروحي جمال السلطان (26 عاماً).
- في 2009/1/14 تمّ استهداف سيارة تابعة لوكالة غوث وتشغيل اللاجئين في منطقة تل الهوى[75].
- في 2009/1/15 قصفت دبابة إسرائيلية مقر وكالة الغوث وتشغيل اللاجئين في حي تل الهوى بمدينة غزة، مما أدى إلى إلحاق أضرار بالغة في قاعة الاجتماعات، بالإضافة إلى أضرار جسيمة في سيارات تابعة للوكالة.
- في 2009/1/15 قصفت قوات الاحتلال بالقنابل الحارقة مخازن تابعة لوكالة غوث وتشغيل اللاجئين في المقر الرئيسي لها في وسط مدينة غزة، مما أدى إلى اشتعال النيران فيها.
- في 2009/1/17، وفي حوالي الساعة السادسة والنصف صباحاً، قصفت آليات الاحتلال بالقذائف الحارقة والمدفعية مدرسة ذكور بيت لاهيا المشتركة للاجئين التابعة لوكالة الغوث الدولية، والتي تقع في وسط مشروع بيت لاهيا، وكان يتواجد داخل هذه

---

[75] الاحتلال الإسرائيلي يقصف مستودعات الأونروا في غزة، الجزيرة.نت، 2009/1/15؛ والأونروا توقف عملياتها في غزة بعد تزايد استهداف طواقمها، الجزيرة.نت، 2009/1/9.

المدرسة حوالي 320 عائلة لجأت إلى المدرسة لإيوائهم من القصف، مما أدى إلى اشتعال النيران واستشهاد طفلين و36 جريحاً.

هذا الاستهداف المستمر لمباني الأمم المتحدة دفعها إلى الدعوة إلى قيام لجنة مستقلة بالتحقيق في هذا الحدث، وفي الوقت نفسه دفعها إلى تكذيب ما قاله الجيش الإسرائيلي من أن قصف مدارس الأونروا كان لسبب وجود مقاتلين فلسطينيين فيها[76].

ح. جريمة الحرب المتمثلة في تعمد توجيه هجمات ضدّ المباني المخصصة للأغراض الدينية أو التعليمية أو الفنية أو العلمية أو الخيرية أوالآثار التاريخية، والمستشفيات وأماكن تجمع المرضى والجرحى شريطة ألا تكون أهدافاً عسكرية، مادة 2/8/ب/9 من معاهدة روما:

1. الركن المادي لهذه الجريمة:

يمكن إيجاد جذور لهذه المادة في نصّ المادة 53 من البروتوكول الأول الإضافي، والتي نصّت على "حظر ارتكاب أي من الأعمال العدائية الموجهة ضدّ الآثار التاريخية أو الأعمال الفنية أو أماكن العبادة التي تشكل التراث الثقافي أو الروحي للشعوب"[77]. وحسب أركان الجرائم لهذه المادة فإن هدف الهجوم يجب أن يكون واحداً أو أكثر من المباني المخصصة للأغراض الدينية أو التعليمية أو الفنية أو العلمية أو الخيرية، والآثار

[76] الناطق الرسمي باسم الأونروا أكد أن ما حصل في غزة جريمة حرب، سامي مشعشع: الاتهامات الإسرائيلية مردودة وقد وجهنا لهم التحدي، موقع إيلاف، 2009/2/2؛ وبان يدعو مجدداً للتحقيق في قصف إسرائيل منشآت أممية بغزة، الجزيرة.نت، 2009/1/27؛ ولجنة تقصي بقصف إسرائيل مقارّ الأمم المتحدة بغزة تبدأ عملها، الجزيرة.نت، 2009/2/13؛ والأمم المتحدة تنفي وجود مسلحين داخل مدارسها، الجزيرة.نت، 2009/1/7؛ وناجون من مجزرة مدرسة الفاخورة يكذبون الدعاوى الإسرائيلية، الجزيرة.نت، 2009/1/13؛ والأمم المتحدة تدعو للتحقيق باستهداف الاحتلال لمنشآتها بغزة، الجزيرة.نت، 2009/1/7؛ وانظر:

Adalah - The Legal Center for Arab Minority Rights in Israel, HR Organizations Demand Criminal Investigations by Israel into the Bombing of Two UNRWA Schools in Gaza Resulting in Dozens of Civilian Deaths, 13/1/2009, http://www.adalah.org/eng/pressreleases/pr.php?file=09_01_13

[77] المادة 53: حماية الأعيان الثقافية وأماكن العبادة:

تحظر الأعمال التالية، وذلك دون الإخلال بأحكام اتفاقية لاهاي المتعلقة بحماية الأعيان الثقافية في حالة النزاع المسلح المعقودة بتاريخ 1954/5/14، وأحكام المواثيق الدولية الأخرى الخاصة بالموضوع:

أ. ارتكاب أي من الأعمال العدائية الموجهة ضدّ الآثار التاريخية أو الأعمال الفنية أو أماكن العبادة التي تشكل التراث الثقافي أو الروحي للشعوب.

ب. استخدام مثل هذه الأعيان في دعم المجهود الحربي.

ج. اتخاذ مثـل هذه الأعيـان محـلاً لهجمات الردع.

التاريخية، أو المستشفيات أو الأماكن التي يجمع بها المرضى والجرحى، والتي لا تشكل أهدافاً عسكرية[78]. وهذا ما أشارت إليه محكمة الجزاء الدولية ليوغوسلافيا السابقة في قضية كورديك وسيركيز، وهذا يعني أن الركن المادي المطبقّ هو نفسه المطبق على الهجوم الموجه ضدّ المواقع المدنية والذي سبق أن شرحناه[79].

القاعدة العامة والمنصوص عليها في المادة 27 من قواعد لاهاي تنصّ على:

"في حالات الحصار والقصف فإن جميع الاحتياطات يجب الأخذ بها لدرء المباني المخصصة للأغراض الدينية أو التعليمية أو الفنية أو العلمية أو الخيرية والآثار التاريخية، والمستشفيات وأماكن تجمع المرضى والجرحى شريطة ألا تكون قد استخدمت في ذلك الوقت لأغراض عسكرية".

وتعتبر هذه قاعدة عامة من قواعد العرف الدولي، وكما نلاحظ فإن هذه القاعدة من قواعد لاهاي هي نفسها المنصوص عليها في معاهدة لاهاي لحماية الملكية الثقافية سنة 1954 في المادة الأولى[80].

---

[78] المادة 8/2/ب/9: جريمة الحرب المتمثلة في الهجوم على أعيان محمية الأركان... أن يوجه مرتكب الجريمة هجوماً.

1. أن يكون هدف الهجوم واحداً أو أكثر من المباني المخصصة للأغراض الدينية أو التعليمية أو الفنية أو العلمية أو الخيرية، أو الآثار التاريخية، أو المستشفيات أو الأماكن التي يجمع بها المرضى والجرحى، والتي لا تشكل أهدافاً عسكرية.....

[79] ICTY, *The Prosecutor v. Dario Kordic and Mario Cerkez*, Judgment, IT-95-14-/2-T, para. 359 ff.

[80] المادة الأولى: تعريف الممتلكات الثقافية: يقصد بالممتلكات الثقافية، بموجب هذه الاتفاقية مهما كان أصلها أو مالكها ما يأتي:

1. الممتلكات المنقولة أو الثابتة ذات الأهمية الكبرى لتراث الشعوب الثقافي، كالمباني المعمارية أو الفنية منها أو التاريخية، الديني منها أو الدنيوي، والأماكن الأثرية ومجموعات المباني التي تكتسب بتجمعها قيمة تاريخية أو فنية، والتحف الفنية والمخطوطات والكتب والأشياء الأخرى ذات القيمة الفنية التاريخية والأثرية، وكذلك المجموعات العلمية ومجموعة الكتب المهمة والمحفوظات ومنسوخات الممتلكات السابق ذكرها.
2. المباني المخصصة بصفة رئيسية وفعلية لحماية وعرض الممتلكات الثقافية المنقولة المبينة في الفقرة (أ)، كالمتاحف ودور الكتب الكبرى ومخازن المحفوظات، وكذلك المخابئ المعدة لوقاية الممتلكات الثقافية المنقولة المبينة في الفقرة (أ) في حالة النزاع المسلح.
3. المراكز التي تحتوي مجموعة كبيرة من الممتلكات الثقافية المبينة في الفقرتين (أ) و(ب) والتي يطلق عليها اسم "مراكز الأبنية التذكارية".

أما المادة 12 من المعاهدة نفسها فنصّت على حماية خاصة للوسائل الخاصة بحماية الملكية الثقافية[81].

أما بالنسبة للأماكن الدينية فهي تقع أيضاً تحت الحماية المنصوص عليها في معاهدة لاهاي للحماية الملكية الثقافية في المادة الأولى، إذا كانت تشكل هذه المباني الدينية (الميراث الثقافي والروحي للشعوب)، وحتى مع عدم تطبيق المادة الأولى هذه على المباني الدينية، فهي تبقى حائزة على الحماية من مهاجمتها باعتبارها مبانٍ مدنية حسب قواعد القانون الدولي العرفي، وحسب ما شرحناه سابقاً[82].

أما فيما يتعلق بالمباني المخصصة للأغراض التعليمية أو العلمية فهي تخضع للقاعدة نفسها التي أوضحتها بخصوص المباني الدينية، بالإضافة إلى ذلك فإن محكمة الجزاء الدولية ليوغوسلافيا السابقة قد قالت:

أوضح القضاة أن المعاهد التعليمية، وبدون أي شكّ، تعدّ ملكية غير قابلة للنقل، وهي تتمتع بأهمية كبيرة لتراث الشعوب الثقافي، حسب مغزى المادة الأولى من اتفاقية لاهاي لسنة 1954، وهي بالتالي وبدون أي استثناء تعدّ مركزاً للتعلم والعلوم والفنون مع ما يتضمن ذلك من كتب وأعمال فنية وعلمية قيمة. وأضاف القضاة أن هناك اتفاقية دولية قد منحت احتراماً وحماية للمعاهد التعليمية في وقت السلم والحرب[83].

أما بالنسبة لحظر مهاجمة المستشفيات وأماكن تجمع المرضى والجرحى فالقواعد التالية تمنح هذه الأماكن حماية خاصة[84]. فاتفاقية جنيف الأولى

---

[81] المادة 12: نظام النقل تحت الحماية الخاصة:

1. إذا تمّ نقل ممتلكات ثقافية سواء في داخل إقليم أو إلى إقليم آخر، فيجوز بناء على طلب الطرف المتعاقد صاحب الشأن أن يوضع تحت حماية خاصة وفقاً للشروط المنصوص عليها في اللائحة التنفيذية.

2. يتمّ النقل الموضوع تحت الحماية الخاصة تحت الإشراف ذي الطابع الدولي المنصوص عليه في اللائحة التنفيذية، ويوضع الشعار الموضح في المادة 16.

3. تتعهد الأطراف السامية المتعاقدة بالامتناع عن أي عمل عدائي نحو أي نقل يتمّ تحت نظام الحماية الخاصة.

[82] Knut Dormann, op. cit., p. 221.

[83] ICTY, *The Prosecutor v. Dario Kordic and Mario Cerkez*, Judgement, IT-95-14/2-T, para. 360.

[84] Knut Dormann, op. cit., p. 215.

First Geneva Convention لتحسين حال الجرحى والمرضى بالقوات المسلحة في الميدان المؤرخة في 1949/8/12 قد نصّت على حماية المنشآت الثابتة والوحدات المتحركة التابعة للخدمات الطبية[85].

أيضاً اتفاقية جنيف الأولى حظرت وقف الحماية الواجبة للمنشآت الثابتة والوحدات الطبية المتحركة التابعة للخدمات الطبية إلا إذا استخدمت، خروجاً على واجباتها الإنسانية، في أعمال تضرّ بالعدو[86].

والاتفاقية نفسها حظرت حرمان وحدة أو منشأة طبية من الحماية المكفولة لها بمقتضى المادة 19 لمجرد كون أفراد الوحدة أو المنشأة مسلحين، ويستخدمون الأسلحة في الدفاع عن أنفسهم أو عن الجرحى والمرضى الذين يتعنون بهم[87].

أما المادة 21 من البروتوكول الأول الإضافي فنصّت على حماية المركبات الطبية[88].

---

[85] المادة 19:

لا يجوز بأي حال الهجوم على المنشآت الثابتة والوحدات المتحركة التابعة للخدمات الطبية، بل تحترم وتحمى في جميع الأوقات بواسطة أطراف النزاع. وفي حالة سقوطها في أيدي الطرف الخصم، يمكن لأفرادها مواصلة واجباتهم ما دامت الدولة الآسرة لا تقدم من جانبها العناية اللازمة للجرحى والمرضى الموجودين في هذه المنشآت والوحدات. وعلى السلطات المختصة أن تتحقق من أن المنشآت والوحدات الطبية المذكورة أعلاه تقع بمنأى عن أي خطر تسببه الهجمات على الأهداف الحربية.

[86] المادة 21:

لا يجوز وقف الحماية الواجبة للمنشآت الثابتة والوحدات الطبية المتحركة التابعة للخدمات الطبية إلا إذا استخدمت، خروجاً على واجباتها الإنسانية، في أعمال تضرّ بالعدو. غير أنه لا يجوز وقف الحماية عنها إلا بعد توجيه إنذار لها يحدد في جميع الأحوال المناسبة مهلة زمنية معقولة دون أن يلتفت إليه.

[87] المادة 22:

لا تعتبر الظروف التالية مبررة لحرمان وحدة أو منشأة طبية من الحماية المكفولة لها بمقتضى المادة 19:

1. كون أفراد الوحدة أو المنشأة مسلحين ويستخدمون الأسلحة في الدفاع عن أنفسهم أو عن الجرحى والمرضى الذين يعنون بهم.

2. كون الوحدة أو المنشأة محروسة بخفير أو نقط حراسة أو حرس مرافق، وذلك في حالة عدم وجود ممرضين مسلحين.

3. احتواء الوحدة أو المنشأة على أسلحة صغيرة وذخيرة أخذت من الجرحى والمرضى ولم تسلم بعد إلى الإدارة المختصة.

4. وجود أفراد أو مهمات من الخدمات البيطرية في الوحدة أو المنشأة دون أن يكون هؤلاء الأفراد أو هذه المهمات جزءاً أساسياً منها.

5. امتداد النشاط الإنساني للوحدة أو المنشأة الطبية أو أفرادها ليشمل العناية بالجرحى أو المرضى المدنيين.

[88] المادة 21:

يجب أن تتمتع المركبات الطبية بالاحترام والحماية التي تقررها الاتفاقيات وهذا الملحق "البروتوكول" للوحدات الطبية المتحركة.

أما اتفاقية جنيف الرابعة بشأن حماية الأشخاص المدنيين في وقت الحرب المؤرخة في 1949/8/12 فحظرت الهجوم على المستشفيات المدنية المنظمة لتقديم الرعاية للجرحى والمرضى، وعلى احترامها وحمايتها في جميع الأوقات[89].

والاتفاقية نفسها نصّت على عدم جواز وقف الحماية الواجبة للمستشفيات المدنية إلا إذا استخدمت، خروجاً على واجباتها الإنسانية، في القيام بأعمال تضرّ العدو[90].

أما المادة 12 من البروتوكول الأول الإضافي فنصّت على حماية الوحدات الطبية، وألا تكون هدفاً لأي هجوم[91]، وإلى عدم وقف الحماية التي تتمتع بها الوحدات الطبية المدنية إلا إذا دأبت على ارتكاب أعمال ضارة بالخصم تخرج عن نطاق مهمتها الإنسانية[92].

---

[89] المادة 18:
لا يجوز بأي حال الهجوم على المستشفيات المدنية المنظمة لتقديم الرعاية للجرحى والمرضى والعجزة والنساء النفاس، وعلى أطراف النزاع احترامها وحمايتها في جميع الأوقات.
على الدول الأطراف في أي نزاع أن تسلم جميع المستشفيات المدنية شهادات تثبت أنها مستشفيات ذات طابع مدني وتبين أن المباني التي تشغلها لا تستخدم في أي أغراض يمكن أن يحرمها من الحماية بمفهوم المادة 19.
تميز المستشفيات المدنية، إذا رخصت لها الدولة بذلك، بواسطة الشارة المنصوص عنها في المادة 38 من اتفاقية جنيف لتحسين حال الجرحى والمرضى بالقوات المسلحة في الميدان، المؤرخة في 1949/8/12.
تتخذ أطراف النزاع، بقدر ما تسمح به المقتضيات العسكرية، التدابير الضرورية لجعل الشارات التي تميز المستشفيات المدنية واضحة بجلاء لقوات العدو البرية والجوية والبحرية، وذلك لتلافي إمكانية وقوع أي عمل عدواني عليها.
وبالنظر للأخطار التي يمكن أن تتعرض لها المستشفيات نتيجة لقربها من الأهداف العسكرية، فإنه يجدر الحرص على أن تكون بعيدة ما أمكن عن هذه الأهداف.

[90] المادة 19:
لا يجوز وقف الحماية الواجبة للمستشفيات المدنية إلا إذا استخدمت، خروجاً على واجباتها الإنسانية، في القيام بأعمال تضر العدو. غير أنه لا يجوز وقف الحماية عنها إلا بعد توجيه إنذار لها يحدد في جميع الأحوال المناسبة مهلة زمنية معقولة دون أن يلتفت إليه.
لا يعتبر عملاً ضاراً بالعدو وجود عسكريين جرحى أو مرضى تحت العلاج في هذه المستشفيات، أو وجود أسلحة صغيرة وذخيرة أخذت من هؤلاء العسكريين ولم تسلم بعد إلى الإدارة المختصة.

[91] المادة 12: حماية الوحدات الطبية:
1. يجب في كل وقت عدم انتهاك الوحدات الطبية وحمايتها وألا تكون هدفاً لأي هجوم.

[92] المادة 13: وقف الحماية عن الوحدات الطبية المدنية:
1. لا توقف الحماية التي تتمتع بها الوحدات الطبية المدنية إلا إذا دأبت على ارتكاب أعمال ضارة بالخصم تخرج عن نطاق مهمتها الإنسانية. بيد أن هذه الحماية لا توقف إلا بعد توجيه إنذار تحدد فيه، كلما كان ذلك ملائماً، مدة معقولة ثم يبقى ذلك الإنذار بلا استجابة.
2. لا تعتبر الأعمال التالية أعمالاً ضارة بالخصم:
أ. حيازة أفراد الوحدة لأسلحة شخصية خفيفة للدفاع عن أنفسهم أو عن أولئك الجرحى والمرضى الموكولين بهم.
ب. حراسة تلك الوحدة بواسطة مفرزة أو دورية أو خفراء.
ج. وجود أسلحة خفيفة وذخائر في الوحدة يكون قد تمّ تجريد الجرحى والمرضى منها ولم تكن قد سلمت بعد للجهة المختصة.
د. وجود أفراد من القوات المسلحة أو من سواهم من المقاتلين في الوحدة لأسباب طبية.

جميع المباني المخصصة للأغراض السابق ذكرها تفقد الحماية المنصوص عليها من القانون الدولي الجنائي والإنساني إذا كانت أهدافاً عسكرية حسب التعريف الوارد في المادة 2/52 و3 من البروتوكول الأول الإضافي، والتي نصّت على حصر الأهداف العسكرية، فيما يتعلق بالأعيان، على تلك التي تسهم إسهاماً فعالاً في العمل العسكري، سواء كان ذلك بطبيعتها أم بموقعها أم بغايتها أم باستخدامها، والتي يحقق تدميرها التام أو الجزئي أو الاستيلاء عليها أو تعطيلها في الظروف السائدة حينذاك ميزة عسكرية أكيدة[93].

2. الركن المعنوي لهذه الجريمة:

جاء في نصّ المادة 8/2/ب/9 المتعلقة بجريمة الحرب المتمثلة في الهجوم على أعيان محمية من أركان الجرائم على أن يتعمد مرتكب الجريمة جعل هدف الهجوم هذا المبنى أو المباني المخصصة للأغراض الدينية أو التعليمية أو الفنية أو العلمية أو الخيرية، أو الآثار التاريخية، أو المستشفيات أو الأماكن التي يجمع بها المرضى والجرحى، والتي لا تشكل أهدافاً عسكرية.

كما هو واضح من نصّ المادة 8/2/ب/9 فإن الهجوم على هذه المباني يجب أن يكون متعمداً، وهذا ما أوضحته محكمة الجزاء الدولية ليوغوسلافيا السابقة في قضية بلاسكيك حيث قالت:

"الضرر أو التدمير يجب أن يكون قد ارتكب بشكل متعمد للمعاهد، والتي يمكن وبوضوح معرفة أنها مخصصة لأغراض دينية أو تعليمية ولم يتمّ استخدامها في ذلك الوقت لأغراض عسكرية"[94].

---

[93] المادة 52: الحماية العامة للأعيان المدنية:

1. لا تكون الأعيان المدنية محلاً للهجوم أو لهجمات الردع. والأعيان المدنية هي كافة الأعيان التي ليست أهدافاً عسكرية وفقاً لما حددته الفقرة الثانية.
2. تقصر الهجمات على الأهداف العسكرية فحسب. وتنحصر الأهداف العسكرية فيما يتعلق بالأعيان على تلك التي تسهم مساهمة فعالة في العمل العسكري سواء كان ذلك بطبيعتها أم بموقعها أم بغايتها أم باستخدامها، والتي يحقق تدميرها التام أو الجزئي أو الاستيلاء عليها أو تعطيلها في الظروف السائدة حينذاك ميزة عسكرية أكيدة.
3. إذا ثار الشك حول ما إذا كانت عين ما تكرس عادة لأغراض مدنية مثل مكان العبادة أو منزل أو أي مسكن آخر أو مدرسة، إنما تستخدم في تقديم مساهمة فعالة للعمل العسكري، فإنه يفترض أنها لا تستخدم كذلك.

[94] ICTY, Jugement, *The Prosecteur v. Tihomir Blaskic*, IT-95-14-T, para. 185, 122 ILR 1 at 73; and ICTY, The Prosecutor v. *Dario Kordic and Mario Cerkez*, Judgement, IT-95-14/2-T, para. 361; and ICTY, *The Prosecutor v. Dario Kordic and Mario Cerkez*, Prosecutor's Pre-trial Brief, IT-95-14/2-PT, p. 49.

تبقى الإشارة هنا إلى أن أركان الجرائم لهذه الجريمة قد أكدت أيضاً على حظر الهجوم على قوات الشرطة، والتي لا تعتبر هدفاً عسكرياً، ونصّت "إن وجود أشخاص محميين بموجب اتفاقيات جنيف لعام 1949 أو قوات شرطة استبقيت لغرض وحيد هو الحفاظ على القانون والنظام في ذلك المكان لا يجعل في حدّ ذاته هذا المكان هدفاً عسكرياً"[95].

3. بعض الوقائع الدالة على ارتكاب هذه الجريمة:

- في 2009/1/1 تمّ قصف جمعية أبناء البلد الخيرية الواقعة في مخازن تحت أحد المنازل، مما أدى إلى تدمير الجمعية[96].

- في 2009/1/1 تمّ قصف مسجد الخلفاء الراشدين وتدميره في جباليا[97].

- في 2009/1/2 تمّ قصف مسجد الإسلام وتدميره شرقي بلدة جباليا[98].

- في 2009/1/3 تمّ قصف المدرسة الأمريكية وتدميرها غرب بيت لاهيا.

- في 2009/1/3 تمّ قصف مقر جمعية الكرامة لرعاية أبناء الشهداء وتدميرها وهو يقع بالقرب من مسجد فلسطين في حي الرمال بغزة[99].

- في 2009/1/4 تمّ قصف مسجد عمر بن عبد العزيز في بلدة بيت حانون وتدميره بالكامل[100].

- في 2009/1/5 تمّ قصف مقر جمعية النور الخيرية الواقعة في بني سهيلا شرق خان يونس وتدميرها.

- في 2009/1/6 تمّ قصف مقر جمعية دار الكتاب والسنة في مخيم جباليا، مما أسفر عن تدمير المبنى بالكامل[101].

- في 2009/1/7 تمّ قصف محيط مسجد مصعب بن عمير في غزة، مما أدى إلى استشهاد عدة مواطنين.

---

[95] لقراءة النص في اللغة العربية، انظر:

http://www.icc-cpi.int/library/about/officialjournal/Element_of_Crimes_Arabic.pdf

[96] المركز الفلسطيني لحقوق الإنسان، "التقرير الأسبوعي حول الانتهاكات الإسرائيلية في الأراضي الفلسطينية المحتلة 1-2009/1/7."

[97] المرجع نفسه.

[98] المرجع نفسه.

[99] المرجع نفسه.

[100] المرجع نفسه.

[101] المرجع نفسه.

- في 2009/1/10 تمّ قصف مسجد الصفصاف في مخيم البريج وتدميره تدميراً جزئياً[102].

- في 2009/1/10 تمّ قصف الجدار الشمالي لمستشفى غزة الأوروبي جنوب شرقي خان يونس، مما أدى إلى إلحاق دمار بالجدار وأضرار بخط المياه الرئيسي وشبكة الكهرباء[103].

- في 2009/1/17 أطلقت طائرة حربية إسرائيلية صاروخاً باتجاه مسجد طه في منطقة التوام، مما أدى إلى تدمير المسجد.

- في 2009/1/15 قصفت دبابات الاحتلال مسجد الهداية والصحوة الواقعين في تل الهوى وشارع الصناعة، مما أدى إلى تدمير مئذنة الأول ودمار بالثاني.

- في 2009/1/15 تمّ قصف وتدمير مدرسة بلقيس الثانوية ومدرسة راهبات الوردية بقذائف مدفعية.

- انظر إلى التقرير الخاص حول الجرائم الإسرائيلية المستهدفة للأعيان المدنية والثقافية يوماً بيوم خلال العدوان الإسرائيلي على قطاع غزة، الصادر عن مؤسسة الضمير لحقوق الإنسان في أيار/ مايو 2009[104].

- انظر ما أورده تقرير منظمة العفو الدولية عن استهداف العاملين في المجال الطبي والإسعاف من قبل الجيش الإسرائيلي في الصفحة 40[105].

- انظر إلى ما أورده تقرير الجامعة العربية حول تعمد الجيش الإسرائيلي استهداف سيارات الإسعاف والمباني الطبية، حيث تمّ استهداف مستشفى الوفا في 2009/1/12،

[102] المركز الفلسطيني لحقوق الإنسان، "التقرير الأسبوعي حول الانتهاكات الإسرائيلية في الأراضي الفلسطينية المحتلة 8-2009/1/14".

[103] المركز الفلسطيني لحقوق الإنسان، "التقرير الأسبوعي حول الانتهاكات الإسرائيلية في الأراضي الفلسطينية المحتلة 8-2009/1/14"؛ ومساجد غزة والعدوان... دمار وتدنيس وتمزيق للمصاحف، الجزيرة.نت، 2009/1/20؛ والطائرات الإسرائيلية تدمر مدرسة وثامن مسجد بغزة، الجزيرة.نت، 2009/1/2؛ وانظر:

Guardian investigation uncovers evidence of alleged Israeli war crimes in Gaza, *The Guardian*, 24/3/2009.

[104] موقع الضمير لرعاية الأسير وحقوق الإنسان، انظر:

http://www.aldameer.org/ar/index.php?pagess=main&id=64

[105] أمنستي: إسرائيل استخدمت الفوسفور الأبيض بحرب غزة، الجزيرة.نت، 2009/1/19؛ ومنظمة العفو الدولية، "إسرائيل/ غزة، عملية "الرصاص المسكوب": 22 يوماً من الموت والدمار"، 2009.

وتمّ استهداف مستشفى القدس في 2009/1/15، واستهداف مستشفى العودة في 2009/1/4، الصفحات 77-81[106].

- انظر ما أورده تقرير الجامعة العربية حول تعمد الجيش الإسرائيلي تدمير المباني التعليمية والدينية في الصفحات 82-85[107].

ط. جريمة الحرب المتمثلة في تجويع المدنيين كأسلوب من أساليب الحرب بحرمانهم من المواد التي لا غنى عنها لبقائهم، بما في ذلك تعمّد عرقلة الإمدادات الإغاثية على النحو المنصوص عليه في اتفاقيات جنيف، مادة 8/2/ب/25:

1. الركن المادي لهذه الجريمة:

إن مبدأ حماية المدنيين وعدم اعتبارهم محلاً لأي هجوم خلال العمليات العسكرية يعدّ أحد المبادئ الأساسية للقانون الدولي الإنساني، وهذا يتضمن حظر تجويع المدنيين كأسلوب من أساليب الحرب بحرمانهم من المواد التي لا غنى عنها لبقائهم، بما في ذلك تعمّد عرقلة الإمدادات الإغاثية.

فالمادة 51 من البروتوكول الأول الإضافي إلى اتفاقيات جنيف لسنة 1949 واضحة في نصّها على أن السكان المدنيين والأشخاص المدنيين يتمتعون بحماية عامة ضدّ الأخطار الناجمة عن العمليات العسكرية[108].

أيضاً حرّمت المادة 1/54 و2 من البروتوكول الأول الإضافي إلى اتفاقيات جنيف لسنة 1949 استخدام التجويع كأسلوب من أساليب الحرب، وتدمير أو تعطيل الأعيان

---

[106] للاطلاع على تقرير الجامعة العربية حول جرائم غزة، انظر:

No Safe Place: Report of the Independent Fact Finding Committee on Gaza, presented to the League of Arab States (LAS), 30/4/2009.

[107] Ibid.

[108] المادة 51: حماية السكان المدنيين:

1. يتمتع السكان المدنيون والأشخاص المدنيون بحماية عامة ضدّ الأخطار الناجمة عن العمليات العسكرية ويجب، لإضفاء فعالية على هذه الحماية، مراعاة القواعد التالية دوماً بالإضافة إلى القواعد الدولية الأخرى القابلة للتطبيق.

والمواد التي لا غنى عنها لبقاء السكان المدنيين، ومثالها المواد الغذائية والمناطق الزراعية ومرافق مياه الشرب[109].

من جهة أخرى أوجبت المادة 55 من اتفاقية جنيف الرابعة على دولة الاحتلال تزويد السكان الواقعيين تحت احتلالها بالمؤن الغذائية والإمدادات الطبية، وعلى واجبها بأن تستورد ما يلزم من الأغذية والمعدات الطبية إذا كانت موارد الأراضي المحتلة غير كافية[110]. وهذا الواجب الملقى على عاتق دولة الاحتلال قد تمّ توسيعه ليشمل موارد أخرى أساسية للعيش كما هو منصوص عليه في المادة 69 من البروتوكول الأول الإضافي[111].

[109] المادة 54: حماية الأعيان والمواد التي لا غنى عنها لبقاء السكان المدنيين:

1. يحظر تجويع المدنيين كأسلوب من أساليب الحرب.
2. يحظر مهاجمة أو تدمير أو نقل أو تعطيل الأعيان والمواد التي لا غنى عنها لبقاء السكان المدنيين ومثالها المواد الغذائية والمناطق الزراعية التي تنتجها والمحاصيل والماشية ومرافق مياه الشرب وشبكاتها وأشغال الري، إذا تحدد القصد من ذلك في منعها عن السكان المدنيين أو الخصم لقيمتها الحيوية مهما كان الباعث سواء كان بقصد تجويع المدنيين أم لحملهم على النزوح أم لأي باعث آخر.

[110] المادة 55:

من واجب دولة الاحتلال أن تعمل، بأقصى ما تسمح به وسائلها، على تزويد السكان بالمؤن الغذائية والإمدادات الطبية، ومن واجبها على الأخص أن تستورد ما يلزم من الأغذية والمهمات الطبية وغيرها إذا كانت موارد الأراضي المحتلة غير كافية.

لا يجوز لدولة الاحتلال أن تستولي على أغذية أو إمدادات أو مهمات طبية مما هو موجود في الأراضي المحتلة إلا لحاجة قوات الاحتلال وأفراد الإدارة، وعليها أن تراعي احتياجات السكان المدنيين. ومع مراعاة أحكام الاتفاقيات الدولية الأخرى، تتخذ دولة الاحتلال الإجراءات التي تكفل سداد قيمة عادلة عن كل ما تستولي عليه.

وللدولة الحامية أن تتحقق دون أي عائق في أي وقت من حالة إمدادات الأغذية والأدوية في الأراضي المحتلة، إلا إذا فرضت قيود مؤقتة تستدعيها ضرورات حربية قهرية.

[111] المادة 69: الحاجات الجوهرية في الأقاليم المحتلة:

1. يجب على سلطة الاحتلال، فضلاً على الالتزامات التي حددتها المادة 55 من الاتفاقية الرابعة بشأن المدد الغذائي والطبي، أن تؤمن، بغاية ما تملك من إمكانيات وبدون أي تمييز مجحف، توفير الكساء والفراش ووسائل للإيواء وغيرها من المدد الجوهري لبقاء سكان الأقاليم المحتلة المدنيين على قيد الحياة وكذلك ما يلزم للعبادة.
2. تخضع أعمال غوث سكان الأقاليم المحتلة المدنيين للمواد 59-62 و108-111 من الاتفاقية الرابعة وللمادة 71 من هذا الحق "البروتوكول" وتؤدى هذه الأعمال بدون إبطاء.

بالإضافة إلى ذلك فإن المواد 23[112] و59[113] و62[114] من اتفاقية جنيف الرابعة، وأيضاً المواد 69 و71[115] من البروتوكول الأول الإضافي تنصّ على واجب دولة الاحتلال تأمين الحاجات الضرورية لسكان الأقاليم المحتلة[116].

---

[112] المادة 23:

على كل طرف من الأطراف السامية المتعاقدة أن يكفل حرية مرور جميع طرود الأدوية والمهمات الطبية والمستلزمات الضرورية لممارسة العبادة والمرسلة حصراً إلى السكان المدنيين من الطرف المتعاقد الآخر، حتى لو كان خصماً. وعليه كذلك الترخيص بحرية مرور أي طرود من الأغذية الضرورية، والملابس، والمقويات المخصصة للأطفال دون 15 من العمر، والنساء الحوامل أو النفاس.

ويخضع التزام الطرف المتعاقد بمنح حرية مرور الرسالات المذكورة في الفقرة المتقدمة لشرط تأكد هذا الطرف من أنه ليست هناك أي أسباب قوية تدعوه إلى التخوف من الاحتمالات التالية:

أ. أن تحول الرسالات عن وجهتها الأصلية. أو

ب. أن تكون الرقابة غير فعالة. أو

ج. أن يحقق العدو فائدة واضحة لجهوده الحربية أو اقتصاده، عن طريق تبديل هذه الرسالات بسلع كان عليه أن يوردها أو ينتجها بوسيلة أخرى، أو عن طريق الاستغناء عن مواد أو منتجات أو خدمات كان لا بدّ من تخصيصها لإنتاج هذه السلع.

وللدولة التي ترخص بمرور الرسالات المبينة في الفقرة الأولى من هذه المادة أن تشترط لمنح الترخيص أن يتمّ التوزيع على المستفيدين تحت إشراف محلي من قبل الدول الحامية.

يجب أن ترسل هذه الرسالات بأسرع ما يمكن، ويكون للدولة التي ترخص بحرية مرورها حقّ وضع الشروط الفنية التي يسمح بالمرور بمقتضاها.

[113] المادة 59:

إذا كان كل سكان الأراضي المحتلة أو قسم منهم تنقصهم المؤن الكافية، وجب على دولة الاحتلال أن تسمح بعمليات الإغاثة لمصلحة هؤلاء السكان وتوفر لها التسهيلات بقدر ما تسمح به وسائلها...

[114] المادة 62:

يسمح للأشخاص المحميين الموجودين في الأراضي المحتلة بتلقي طرود الإغاثة الفردية المرسلة إليهم مع مراعاة اعتبارات الأمن القهرية.

[115] المادة 71: الأفراد المشاركون في أعمال الغوث:

1. يجوز، عند الضرورة، أن يشكل العاملون على الغوث جزءاً من المساعدة المبذولة في أي من أعمال الغوث، وخاصة لنقل وتوزيع إرساليات الغوث. وتخضع مشاركة مثل هؤلاء العاملين لموافقة الطرف الذي يؤدون واجباتهم على إقليمه.

2. يجب احترام مثل هؤلاء العاملين وحمايتهم.

3. يساعد كل طرف يتلقى إرساليات الغوث بأقصى ما في وسعه العاملين على الغوث المشار إليهم في الفقرة الأولى في أداء مهمتهم المتعلقة بالغوث، ويجوز في حالة الضرورة العسكرية الملحة فحسب الحدّ من أوجه نشاط العاملين على الغوث أو تقييد تحركاتهم بصفة وقتية.

4. لا يجوز بأي حال للعاملين على الغوث تجاوز حدود مهامهم وفقاً لهذا الحق "البروتوكول". ويجب عليهم بوجه خاص مراعاة متطلبات أمن الطرف الذي يؤدون واجباتهم على إقليمه، ويمكن إنهاء مهمة أي فرد من العاملين على الغوث لا يحترم هذه الشروط.

[116] For Instance in UN, Security Council, 3106th meeting, 13/8/1992, S/RES/771 (1992), preamble, as to the UN, General Assembly, See declaration on the protection of women and children in emergency and armed conflict, 14/12/1974, 3318 (XXIX), para. 6: "Women and children belonging to the civilian population… shall not be deprived of shelter, food, medical aid or other inalienable rights."

إن مفهوم التجويع لا يقتصر على معناه الضيق أي حرمان السكان من الغذاء[117]، وإنما يشمل أيضاً المعنى الواسع الذي يتضمن حرمان السكان أو عدم تزويدهم بالحاجات الضرورية للعيش[118].

إن المادة 8/2/ب/25، والتي نصّت على جريمة التجويع، أضافت أيضاً تجريم حرمان المدنيين من المواد التي لا غنى عنها لبقائهم، بما في ذلك تعمد عرقلة الإمدادات الإغاثية على النحو المنصوص عليه في اتفاقيات جنيف، مما يدلّ على تجريم التجويع بمعناه الواسع الذي ذكرناه سابقاً[119].

إن المعنى الواسع لتجريم تجويع السكان المدنيين يشمل الحرمان من الطعام والماء النظيف، ويشمل أيضاً تدمير المناطق الزراعية المخصصة لإنتاج الطعام، وتدمير المحاصيل الزراعية، وتدمير المنشآت الخاصة بمياه الشرب، وتدمير المنشآت الخاصة بمياه الري، وتدمير كل ما يساعد على الحصاد الزراعي أو حفظ المواد الغذائية، وتدمير المستلزمات الطبية[120].

وهذا ما أكدته المادة 2/54 من البروتوكول الأول الإضافي، عندما حظرت مهاجمة أو تدمير أو نقل أو تعطيل الأعيان والمواد التي لا غنى عنها لبقاء السكان المدنيين، ومثالها المواد الغذائية والمناطق الزراعية التي تنتجها والمحاصيل والماشية ومرافق مياه الشرب وشبكاتها وأشغال الري، وهذا يعني أنه إذا كانت هذه الأعيان تستخدم فقط لفائدة السكان المدنيين فمهاجمتها محرم تحريماً قاطعاً[121].

117 Knut Dormann, op. cit., p. 363.

118 Lists inter alia, the following meaning of "starvation" in its Transitive form: "deprivation or insufficient supply of something necessary to life", John Simpson and Edmund Weiner (eds.), The Oxford English Dictionary, 2nd edition (USA: Oxford University Press), vol. 16.

119 انظر إلى المواد 23 و59 من اتفاقية جنيف الرابعة، والمواد 69 و70 من البروتوكول الأول الإضافي.

120 Claude Pilloud and Jean De Preux, "Protection of objects indispensable to the survival of the civilian population," in International Committee of The Red Cross (ICRC), *Commentary on the Additional Protocols of 8 June 1977 to the Geneva Conventions of 12 August 1949,* article 54, margin no. 2102 and 2103.

121 المادة 54: حماية الأعيان والمواد التي لا غنى عنها لبقاء السكان المدنيين:

2. يحظر مهاجمة أو تدمير أو نقل أو تعطيل الأعيان والمواد التي لا غنى عنها لبقاء السكان المدنيين ومثالها المواد الغذائية والمناطق الزراعية التي تنتجها والمحاصيل والماشية ومرافق مياه الشرب وشبكاتها وأشغال الري، إذا تحدد القصد من ذلك في منعها عن السكان المدنيين أو الخصم لقيمتها الحيوية مهما كان الباعث سواء كان بقصد تجويع المدنيين أم لحملهم على النزوح أم لأي باعث آخر.

أما إذا كانت تستخدم لفائدة المدنيين والعسكريين فمهاجمتها محرماً أيضاً، إلا إذا كانت هناك ضرورة عسكرية ملحّة، وفي الوقت نفسه يجب أن يكون هناك تناسب ما بين الفائدة العسكرية المتوخاه من ذلك وحرمان المدنيين من الاستفادة من هذه الأعيان، وهذا ما نصّت عليه المادة 3/54 من البروتوكول الأول الإضافي[122].

2. الركن المعنوي لهذه الجريمة:

نصّت الفقرة الثانية من المادة 2/8/ب/25 من أركان الجرائم بأن يتعمد مرتكب الجريمة تجويع المدنيين كأسلوب من أساليب الحرب. من جهة ثانية فإنه حسب المادة 2/8/ب/25 من نظام روما، فإنّ مرتكب هذه الجريمة يجب أن يتعمد عرقلة الإمدادات الإغاثية على النحو المنصوص عليه في اتفاقيات جنيف، وهذا يشمل الطعام والماء، ومياه الشرب والبطانيات والملابس وأعيان أخرى لازمة للوقاية من برد الشتاء، أيضاً فإن المادة 23 من اتفاقيات جنيف الرابعة تنصّ على واجب أي دولة أن تكفل حرية مرور جميع شحنات الأدوية والمعدات الطبية المرسلة إلى السكان المدنيين... وكذلك الترخيص بحرية مرور شحنات الأغذية الضرورية والملابس والمقويات المخصصة للأطفال دون 15 من العمر والنساء الحوامل أو النفاس[123].

إن الإغلاق الإسرائيلي لقطاع غزة يعدّ نوعاً من العقاب الجماعي المرفوض في القانون الدولي، بغض النظر عن تبرير ممارسته من قبل الحكومة الإسرائيلية والمصرية. وهو يعدّ انتهاكاً لأحكام المادة 33 من اتفاقيات جنيف الرابعة الخاصة بحماية السكان المدنيين وقت الحرب، والتي تنصّ على أنه "لا يجوز معاقبة أي شخص محمي عن مخالفة لم يقترفها هو شخصياً. تحظر العقوبات الجماعية وبالمثل جميع تدابير التهديد أو الإرهاب. السلب محظور. تحظر تدابير الاقتصاص من الأشخاص المحميين وممتلكاتهم".

---

[122] المادة 54: حماية الأعيان والمواد التي لا غنى عنها لبقاء السكان المدنيين:

3. لا يطبق الحظر الوارد في الفقرة الثانية على ما يستخدمه الخصم من الأعيان والمواد التي تشملها تلك الفقرة:

أ. زاداً لأفراد قواته المسلحة وحدهم.

ب. أو إن لم يكن زاداً فدعماً مباشراً لعمل عسكري، شريطة ألا تتخذ مع ذلك حيال هذه الأعيان والمواد في أي حال من الأحوال إجراءات قد يتوقع أن تدع السكان المدنيين بما لا يغني عن مأكل ومشرب على نحو يسبب مجاعتهم أو يضطرهم إلى النزوح.

4. لا تكون هذه الأعيان والمواد محلاً لهجمات الردع.

5. يسمح، مراعاة للمتطلبات الحيوية لأي طرف في النزاع من أجل الدفاع عن إقليمه الوطني ضدّ الغزو، بأن يضرب طرف النزاع صفحاً عن الحظر الوارد في الفقرة الثانية في نطاق مثل ذلك الإقليم الخاضع لسيطرته إذا أملت ذلك ضرورة عسكرية ملحة.

[123] المادة 23 المذكورة سابقاً.

إن قوات الاحتلال لديها الحقّ في معاقبة الأفراد المتورطين في أعمال عدائية وفق المادة 64 من الاتفاقية، إلا أن العقوبة الجماعية والإغلاق كأحد أشكالها هي تجاوز واضح للصلاحيات المخولة لقوة الاحتلال بموجب الاتفاقية وانتهاك لأحكامها. فالحصار شكل من أشكال الاقتصاص أو الثأر من السكان المدنيين، وهذا محرم في القانون الدولي على نحو ما هو وارد في المادة 33 السابق ذكرها. وفي تعليقه على المادة 33 قال جان بكتيه Jean Pictet: "إن منع الاقتصاص هو ضمانة لكل الأفراد المحميين، سواء كانوا في أراضي طرف من أطراف النزاع أو في الأرض المحتلة، إن ذلك التحريم ذو صفة مطلقة لذا لا يجوز تفسيره على أنه يتضمن تحفظات ضمنية فيما يخص الضرورة العسكرية"[124].

كما أن إغلاق معابر قطاع غزة من قبل الدولة المصرية والإسرائيلية يفتقد كلياً إلى الأساس القانوني، وهو انتهاك لأحكام القانون الدولي الإنساني. كما تشير المادة 55 من الاتفاقية ذاتها إلى أن:

من واجب دولة الاحتلال أن تعمل، بأقصى ما تسمح به وسائلها، على تزويد السكان بالمؤن الغذائية والإمدادات الطبية، ومن واجبها على الأخص أن تستورد ما يلزم من الأغذية والمهمات الطبية وغيرها إذا كانت موارد الأراضي المحتلة غير كافية. ولا يجوز لدولة الاحتلال أن تستولي على أغذية أو إمدادات أو مهمات طبية مما هو موجود في الأراضي المحتلة...؛ وعليها أن تراعي احتياجات السكان المدنيين.....

عدا عن ذلك، فإن تداعيات الحصار يترتب عليها انتهاكات جسيمة للقانون الدولي لحقوق الإنسان، حيث تنتهك سلطات الاحتلال الإسرائيلي بممارساتها مجمل الحقوق التي يجب أن يتمتع بها المواطنون في قطاع غزة، سواء كانت المدنية والسياسية، أو الاقتصادية والاجتماعية. حيث إن ما تقوم به قوات الاحتلال يتناقض مع العهد الدولي الخاص بالحقوق الاقتصادية والاجتماعية والثقافية لسنة 1966، بموجب المادة الأولى، حيث تنصّ على أنه "لا يجوز في أية حال حرمان أي شعب من أسباب عيشه الخاصة". وبموجب المادة الخامسة من العهد نفسه التي "تحظر على أي دولة أو جماعة أو شخص مباشرة أي نشاط أو القيام بأي فعل يهدف إلى إهدار أي من الحقوق أو الحريات المعترف بها في هذا العهد...".

---

[124] Jean Pictet (ed.), *Commentary, IV Geneva Convention Relative to the Protection of Civilian Persons in Time of War* (Geneva: ICRC, 1958).

علاوة على ذلك اعتبرت لجنة مناهضة التعذيب، أن سياستي الحصار وهدم المنازل اللتين تمارسهما قوات الاحتلال تشكلان انتهاكاً للمادة 16 من اتفاقية منع التعذيب والمعاملة السيئة والحاطّة بالكرامة، ولا يمكن تبرير استخدام هاتين السياستين تحت أي ظرف من الظروف.

أخيراً، أكّد تقرير بعثة الأمم المتحدة لتقصي الحقائق بشأن النزاع في غزة (تقرير جولدستون Goldstone report) في الفصل الخامس أن "إسرائيل" ملزمة بموجب اتفاقية جنيف الرابعة بضمان تزويد المواد الغذائية واللوازم الطبية ولوازم المستشفيات والسلع الأخرى لتلبية الاحتياجات الإنسانية لسكان قطاع غزة دون تقييد، وهذا يعني أن "إسرائيل" بمنعها وتقييدها دخول هذه المواد تكون قد انتهكت القانون الدولي الإنساني وخاصة اتفاقية جنيف الرابعة[125].

3. بعض الوقائع الدالة على ارتكاب هذه الجريمة:

يعيش في قطاع غزة 1.48 مليون مواطن، ويعتبر من أكثر المناطق كثافة سكانية في العالم، حيث يعيش 3,962 شخصاً في الكيلومتر المربع الواحد.

خضع قطاع غزة للحصار المشدد منذ أسر الجندي الإسرائيلي جلعاد شاليط Gilad Shalit في حزيران/ يونيو 2006، وقد تمّ تشديد الحصار واتخاذ إجراءات عقابية ضدّ القطاع بعد سيطرة حركة حماس على قطاع غزة في حزيران/ يونيو 2007، ففي منتصف حزيران/ يونيو 2007 تمّ فرض عقوبات اقتصادية على قطاع غزة كان من نتيجتها نقص حادّ في المواد الغذائية والأدوية، ونقص في قطع الغيار للبنى التحتية الأساسية، ونقص في المواد الضرورية للمشاريع الإنسانية. وقد حدث التطور الأبرز في نهاية تشرين الأول/ أكتوبر 2007 عندما صادق وزير الدفاع الإسرائيلي إيهود باراك Ehud Barak على تقليص إمدادات الوقود والكهرباء للقطاع، وقد كان هذا القرار بمثابة عقوبة جماعية على السكان الفلسطينيين في القطاع جراء استمرار انطلاق الصواريخ محلية الصنع تجاه المدن والبلدات الإسرائيلية المتاخمة للقطاع.

وفي أيلول/ سبتمبر 2007 أعلنت الحكومة الإسرائيلية أن قطاع غزة "كيان معادٍ"، وترافق مع هذا الإعلان مجموعة من العقوبات الاقتصادية، التي تضمنت تقليص

---

[125] Human Rights Council, Human Rights in Palestine and Other Occupied Arab Territories: Report of the United Nations Fact Finding Mission on the Gaza Conflict, 12th session,15/9/2009, A/HRC/12/48.

إمدادات الوقود والكهرباء، من أجل الضغط على المجموعات المسلحة الفلسطينية لوقف إطلاق الصواريخ محلية الصنع تجاه البلدات الإسرائيلية. وبإعلانها أن قطاع غزة أصبح كياناً معادياً فإن "إسرائيل" تعتبر نفسها في حلٍّ من القانون الإنساني الدولي، الذي يضمن توفير الإمدادات الضرورية اللازمة للسكان في المناطق التي تحتلها. وقد أسهمت هذه العقوبات الجماعية، إضافة إلى الاستمرار في إغلاق المعابر الحدودية من وإلى قطاع غزة في زيادة عزلة القطاع، وفي زيادة تردي الوضع الإنساني المأساوي للسكان الفلسطينيين في القطاع. فالأطفال الفلسطينيون الذين يشكلون حوالي 56% من سكان القطاع تأثروا بشكل مباشر من هذه العقوبات[126].

إنّ المادة 23 السابق ذكرها من اتفاقيات جنيف الرابعة حصراً تنطبق على الدولة المصرية التي ما زالت تتحكم بإغلاق معبر رفح كما تشاء، فالدولة المصرية عليها التزام قانوني بفتح معبر رفح بشكل دائم حتى يكون منفذاً لإغاثة غزة، وكل الكلام الذي نسمعه من المسؤولين المصريين بتبرير إغلاق معبر رفح ليس إلا تبريراً سياسياً ليس له أساس قانوني على الإطلاق، أما "إسرائيل" كدولة محتلة لقطاع غزة فإن نصوص المواد 55 و59-62 من الاتفاقية الرابعة تلزم دولة الاحتلال بتزويد السكان بالمؤن الغذائية والإمدادات الطبية إذا كانت موارد الأراضي المحتلة غير كافية.

بالإضافة إلى ذلك فإن المادة 69 من البروتوكول الأول الإضافي تجبر دولة الاحتلال ("إسرائيل") أن تقوم بتوفير الكساء والفراش ووسائل للإيواء وغيرها من الضرورات اللازمة لبقاء سكان الأقاليم المحتلة المدنيين على الحياة[127].

---

[126] الحركة العالمية للدفاع عن الأطفال – فرع فلسطين، "أثر الحصار والاغلاق المفروض على قطاع غزة على الأطفال مرضى السرطان،" انظر:
http://www.dci-pal.org/Arabic/Doc/Reports/2007/Gaza_Child_cancer_report_FINAL.doc؛
والمركز الفلسطيني لحقوق الإنسان، "تأثير سياسة الحصار على صادرات قطاع غزة من التوت الأرضي والزهور،" انظر:
http://www.pchrgaza.org/files/REPORTS/arabic/flowers.html

[127] المادة 69: الحاجات الجوهرية في الأقاليم المحتلة:
1. يجب على سلطة الاحتلال، فضلاً على الالتزامات التي حددتها المادة 55 من الاتفاقية الرابعة بشأن المدد الغذائي والطبي، أن تؤمن، بغاية ما تملك من إمكانيات وبدون أي تمييز مجحف، توفير الكساء والفراش ووسائل للإيواء وغيرها من المدد الجوهري لبقاء سكان الأقاليم المحتلة المدنيين على قيد الحياة وكذلك ما يلزم للعبادة.
2. تخضع أعمال غوث سكان الأقاليم المحتلة المدنيين للمواد 59-62 و108-111 من الاتفاقية الرابعة وللمادة 71 من هذا الحق "البروتوكول" وتؤدى هذه الأعمال بدون إبطاء.

أما المادة 70 من البروتوكول نفسه فهي تلزم أي طرف متعاقد، وهو في هذه الحالة الدولة المصرية، أن يسمح ويسهل المرور، وبدون عرقلة، لجميع إرساليات وتجهيزات الإغاثة والعاملين عليها[128].

إن عنصر القصد المكون لجريمة التجويع يمكن ارتكابه من خلال عدم قيام دولة الاحتلال ("إسرائيل") أو أيه دولة متعاقدة (الدولة المصرية) بتزويد السكان المدنيين بالطعام والغذاء، أو من خلال إغلاق المعابر المؤدية إلى قطاع غزة. وهذا دليل على استخدام التجويع كأسلوب من أساليب الحرب ضدّ السكان المدنيين الفلسطينيين[129].

من خلال ما سبق فإنه تبين أن الحصار الذي تفرضه "إسرائيل" على قطاع غزة منذ سيطرة حركة حماس على قطاع غزة في حزيران/ يونيو 2007 يمثل جريمة حرب، وهذا ما عبّر عنه الرئيس الأمريكي الأسبق جيمي كارتر Jimmy Carter والذي قال: "إن الحصار يمثل إحدى أكبر الجرائم بحقّ حقوق الإنسان"[130].

من جهة أخرى، كشف تقرير إحصائي فلسطيني عن ارتفاع نسبة السكان الذين يعيشون تحت خطّ الفقر في قطاع غزة إلى 80% جراء الحصار العسكري، وأشار التقرير الذي أصدرته اللجنة الشعبية لمواجهة الحصار عن نفاد عدد كبير من الأدوية الأساسية يصل إلى أكثر من 160 صنفاً، ونفاد أكثر من 130 صنفاً من المهمات الطبية. وبالتأكيد

[128] المادة 70: أعمال الغوث:

1. يجري القيام بأعمال الغوث ذات الصبغة المدنية المحايدة، وبدون تمييز مجحف للسكان المدنيين، لإقليم خاضع لسيطرة طرف في النزاع، من غير الأقاليم المحتلة، إذا لم يزودوا بما يكفي من المدد المشار إليه في المادة 69، شريطة موافقة الأطراف المعنية على هذه الأعمال. ولا تعتبر عروض الغوث التي تتوفر فيها الشروط المذكورة أعلاه تدخلاً في النزاع المسلح ولا أعمالاً غير ودية. وتعطى الأولوية لدى توزيع إرساليات الغوث لأولئك الأشخاص كالأطفال وأولات الأحمال وحالات الوضع والمراضع الذين هم أهل لأن يلقوا معاملة مفضلة أو حماية خاصة وفقاً للاتفاقية الرابعة أو لهذا الحق "البروتوكول".

2. على أطراف النزاع وكل طرف سامٍ متعاقد أن يسمح ويسهل المرور السريع وبدون عرقلة لجميع إرساليات وتجهيزات الغوث والعاملين عليها، والتي يتمّ التزويد بها وبهم وفقاً لأحكام هذا القسم حتى ولو كانت هذه المساعدة معدة للسكان المدنيين التابعين للخصم.

[129] Yoram Dinstein, "Siege warfare and the starvation of civilians," in Astrid J.M. Delissen, Gerard J. Tanja (eds.) *Humanitarian Law of armed conflict: Challenges ahead* (USA: Kluwer Academic Publishers, 1991), p. 145; Linda Bevis, *The Applicability of Human Rights Law to Occupied Territories: The Case of the Occupied Palestinian Territories* (Ramallah: Al-Haq, 1994); and Adam Roberts, "Prolonged Military Occupation: The Israeli - Occupied Territories 1967-1988," in Emma Playfair (ed.), *International Law and the Administration of Occupied Territories* (USA: Oxford University Press, 1992), pp. 25-85.

[130] كارتر: حصار غزة جريمة بحق حقوق الإنسان، الجزيرة.نت، 2008/5/26.

فإن الحصار بشكل أساسي كان سبباً رئيسياً في مئات الوفيات من المرضى الذين تعذر سفرهم للعلاج عن طريق معبر رفح[131].

كما أورد تقرير منظمة أوكسفام Oxfam report الصادر في حزيران/ يونيو 2009 إخفاق الحكومة الإسرائيلية في توفير الغذاء لسكان القطاع، وبالتالي إخفاق الحكومة الإسرائيلية في تحمل مسؤولياتها الدولية تجاه السكان المدنيين[132].

كما أكدت لجنة تقصي الحقائق للأمم المتحدة، في الفصل 13 من تقريرها، أنها قامت بالتحقيق في عدة حوادث تنطوي على تدمير بنية أساسية صناعية ووحدات لإنتاج الأغذية ومنشآت مياه ووحدات لمعالجة الصرف الصحي ومساكن، ففي بداية العمليات العسكرية كانت مطحنة البدر هي مطحنة الدقيق الوحيدة التي كانت ما تزال تعمل في قطاع غزة. وقد ضربت هذا المطحنة بسلسلة من الضربات الجوية في 2009/1/9، وتخلص البعثة إلى أن هذه المطحنة لم يكن لها مبرر عسكري لضربها، وأن هذا الهجوم يعدّ انتهاكاً لأحكام اتفاقية جنيف الرابعة، فهذا التدمير غير المشروع والمفرط الذي لا تبرره ضرورة عسكرية هو بمثابة جريمة حرب، وأن تدمير هذه المطحنة قد نفّذ بغية حرمان السكان المدنيين من قوتهم، وهو ما يشكل انتهاكاً للقانون الدولي العرفي ويمكن أن يشكل جريمة حرب[133].

ي. جريمة الحرب المتمثلة في تعمد توجيه هجمات ضدّ المباني والمواد والوحدات الطبية ووسائل النقل والأفراد من مستعملي الشعارات المميزة المبينة في اتفاقيات جنيف طبقاً للقانون الدولي، مادة 2/8/ب/24:

1. الركن المادي لهذه الجريمة:

إن اتفاقيات جنيف والبروتوكول الأول الإضافي تحتوي على نصوص كثيرة تحمي بموجبها المباني والوحدات الطبية وغيرها من مستعملي الشعارات المميزة

[131] اللجنة الشعبية لمواجهة الحصار، اللجنة الشعبية تصدر تقريراً شاملاً بعد مرور 16 شهراً على الحصار، انظر: http://www.freegaza.ps/index.php?scid=100&id=1353&extra=news&type=39

[132] Oxfam: rebuilding Gaza: putting people before politics, site of Oxfam International, http://www.oxfam.org/sites/www.oxfam.org/files/bn-rebuilding-gaza-arabic-0906.pdf

[133] Human Rights Council, Human Rights in Palestine and Other Occupied Arab Territories: Report of the United Nations Fact Finding Mission on the Gaza Conflict, 12th session,15/9/2009, A/HRC/12/48.

الـواردة في اتفاقيـات جنيـف. فالمـادة 24 مـن اتفاقيـة جنيـف الأولى الخاصـة لتحسـين حـال الجرحـى والمـرضى بالقـوات المسـلحة في الميـدان نصّـت عـلى احـترام وحمايـة أفـراد الحمايـة الطبيـة المشـتغلين بصفـة كليـة في البحـث عـن الجرحـى والمـرضى أو جمعهـم أو نقلهـم أو معالجتهـم[134]. وأيضـاً هنـاك حمايـة خاصـة لموظفـي الجمعيـات الوطنيـة للصليـب الأحمـر وغيرهـا مـن جمعيـات الإغاثـة الطوعيـة حسـب مـا نصّـت عليـه المـادة 26 مـن الاتفاقيـة نفسـها[135].

أما المادة 18 من اتفاقية جنيف الرابعة فنصّت على أنه لا يجوز بأي حال من الأحوال الهجوم على المستشفيات المدنية المنظمة لتقديم الرعاية للجرحى والمرضى والعجزة والنساء النفاس[136].

---

[134] المادة 24:

يجب في جميع الأحوال احترام وحماية أفراد الحماية الطبية المشتغلين بصفة كلية في البحث عن الجرحى والمرضى أو جمعهم أو نقلهم أو معالجتهم، أو في الوقاية من الأمراض، والموظفين المشتغلين بصفة كلية في إدارة الوحدات والمنشآت الطبية، وكذلك رجال الدين الملحقين بالقوات المسلحة.

[135] المادة 26:

يوضع على قدم المساواة مع الموظفين المشار إليهم في المادة 24 موظفو الجمعيات الوطنية للصليب الأحمر وغيرها من جمعيات الإغاثة الطوعية المعترف بها والمرخصة على النحو الواجب من قبل حكوماتها، الذين يستخدمون في تنفيذ المهام نفسها التي يقوم بها الموظفون المشار إليهم في تلك المادة، شريطة خضوع موظفي هذه الجمعيات للقوانين واللوائح العسكرية. وعلى كل طرف من الأطراف السامية المتعاقدة أن يخطر الطرف الآخر بأسماء الجمعيات التي يكون قد رخص لها بتقديم مساعدتها تحت مسؤوليته للخدمات الطبية الرسمية لقواته المسلحة. ويتمّ هذا الإخطار في وقت السلم أو عند بدء الأعمال الحربية أو خلالها، وعلى أي حال قبل أي استخدام فعلي لهذه الجمعيات.

[136] المادة 18:

لا يجوز بأي حال الهجوم على المستشفيات المدنية المنظمة لتقديم الرعاية للجرحى والمرضى والعجزة والنساء النفاس، وعلى أطراف النزاع احترامها وحمايتها في جميع الأوقات.

على الدول الأطراف في أي نزاع أن تسلم جميع المستشفيات المدنية شهادات تثبت أنها مستشفيات ذات طابع مدني، وتبين أن المباني التي تشغلها لا تستخدم في أي أغراض يمكن أن يحرمها من الحماية بمفهوم المادة 19.

تميز المستشفيات المدنية، إذا رخصت لها الدولة بذلك، بواسطة الشارة المنصوص عنها في المادة 38 من اتفاقية جنيف لتحسين حال الجرحى والمرضى بالقوات المسلحة في الميدان، المؤرخة في 1949/8/12.

تتخذ أطراف النزاع، بقدر ما تسمح به المقتضيات العسكرية، التدابير الضرورية لجعل الشارات التي تميز المستشفيات المدنية واضحة بجلاء لقوات العدو البرية والجوية والبحرية، وذلك لتلافي إمكانية وقوع أي عمل عدواني عليها.

وبالنظر للأخطار التي يمكن أن تتعرض لها المستشفيات نتيجة قربها من الأهداف العسكرية، فإنه يجدر الحرص على أن تكون بعيدة ما أمكن عن هذه الأهداف.

أيضاً لا يجوز وقف الحماية الواجبة للمستشفيات المدنية إلا إذا استخدمت، خروجاً على واجباتها الإنسانية، في القيام بأعمال تضرّ العدو، وهذا ما نصّت عليه المادة 19 من الاتفاقية نفسها[137].

وأكدت المادة 20 من الاتفاقية نفسها على احترام وحماية الموظفين المخصصين كلياً وبصورة منتظمة لتشغيل وإدارة المستشفيات المدنية، بمن فيهم الأشخاص المكلفون بالبحث عن الجرحى والمرضى المدنيين[138].

أما البروتوكول الأول الإضافي في المادة 8/ج، أوضح أن أفراد الخدمات الطبية هم الأشخاص الذين يخصصهم أحد أطراف النزاع؛ إما للأغراض الطبية وإما لإدارة الوحدات الطبية[139].

وفي المادة 8/هـ من البروتوكول الأول الإضافي، تمّ تعريف الوحدات الطبية على أنها المنشآت وغيرها من الوحدات سواء العسكرية أم المدنية، والتي تمّ تنظيمها للأغراض الطبية، ويشمل التعبير على سبيل المثال المستشفيات وغيرها من الوحدات المماثلة

[137] المادة 19:

لا يجوز وقف الحماية الواجبة للمستشفيات المدنية إلا إذا استخدمت، خروجاً على واجباتها الإنسانية، في القيام بأعمال تضر العدو. غير أنه لا يجوز وقف الحماية عنها إلا بعد توجيه إنذار لها يحدد في جميع الأحوال المناسبة مهلة زمنية معقولة دون أن يلتفت إليه.

لا يعتبر عملاً ضاراً بالعدو وجود عسكريين جرحى أو مرضى تحت العلاج في هذه المستشفيات...

[138] المادة 20:

يجب احترام وحماية الموظفين المخصصين كلية بصورة منتظمة لتشغيل وإدارة المستشفيات المدنية، بمن فيهم الأشخاص المكلفون بالبحث عن الجرحى والمرضى المدنيين والعجزة والنساء النفاس وجمعهم ونقلهم ومعالجتهم...

[139] ج. "أفراد الخدمات الطبية" هم الأشخاص الذين يخصصهم أحد أطراف النزاع إما للأغراض الطبية دون غيرها المذكورة في المادة الثامنة الفقرة هـ وإما لإدارة الوحدات الطبية، وإما لتشغيل أو إدارة وسائط النقل الطبي، ويمكن أن يكون مثل هذا التخصيص دائماً أو وقتياً ويشمل التعبير:

1. أفراد الخدمات الطبية، عسكريين كانوا أم مدنيين، التابعين لأحد أطراف النزاع بمن فيهم من الأفراد المذكورين في الاتفاقيتين الأولى والثانية، وأولئك المخصصين لأجهزة الدفاع المدني.
2. أفراد الخدمات الطبية التابعين لجمعيات الصليب الأحمر الوطنية (الهلال الأحمر والأسد والشمس الأحمرين) وغيرها من جمعيات الإسعاف الوطنية الطوعية، التي يعترف بها ويرخص لها أحد أطراف النزاع وفقاً للأصول المرعية.
3. أفراد الخدمات الطبية التابعين للوحدات الطبية أو وسائط النقل الطبي المشار إليها في الفقرة الثانية من المادة التاسعة.

ومراكز نقل الدم ومعاهد الطب الوقائي، والمستودعات الطبية، والمخازن الطبية، والصيدلية لهذه الوحدات[140].

أما في 8/و من البروتوكول الأول الإضافي، فعّرفت النقل الطبي على أنه نقل الجرحى والمرضى سواء كان النقل في البر أو في الماء أو في الجو[141].

فهناك واجب يقع على الأطراف المتنازعة بعدم انتهاك الوحدات الطبية وحمايتها، وألّا تكون هدفاً لأي هجوم، وهذا ما أكده البرتوكول الأول الإضافي[142]. ولا تتوقف الحماية التي تتمتع بها الوحدات الطبية المدنية إلا إذا دأبت على ارتكاب أعمال ضارة بالخصم تخرج عن نطاق مهمتها الإنسانية[143]. إن دولة الاحتلال عليها واجب مطلق في تقديم كل مساعدة ممكنة لأفراد الخدمات الطبية المدنيين في الأقاليم المحتلة، لتمكينهم من القيام بمهامهم الإنسانية على الوجه الأكمل[144].

---

[140] المادة 8/هـ:

"الوحدات الطبية" هي المنشآت وغيرها من الوحدات، عسكرية كانت أم مدنية، التي تمّ تنظيمها للأغراض الطبية، أي البحث عن الجرحى والمرضى والمنكوبين في البحار وإجلائهم ونقلهم وتشخيص حالتهم أو علاجهم، بما في ذلك الإسعافات الأولية، والوقاية من الأمراض. ويشمل التعبير، على سبيل المثال، المستشفيات وغيرها من الوحدات المماثلة ومراكز نقل الدم ومراكز ومعاهد الطب الوقائي والمستودعات الطبية والمخازن الطبية والصيدلية لهذه الوحدات، ويمكن أن تكون الوحدات الطبية ثابتة أو متحركة دائمة أو وقتية.

[141] المادة 8/و:

"النقل الطبي" هو نقل الجرحى والمرضى والمنكوبين في البحار وأفراد الخدمات الطبية والهيئات الدينية والمعدات والإمدادات الطبية التي تحميها الاتفاقيات وهذا الملحق "البروتوكول"، سواء كان النقل في البر أو في الماء أم في الجو.

[142] المادة 12: حماية الوحدات الطبية:

1. يجب في كل وقت عدم انتهاك الوحدات الطبية وحمايتها وألا تكون هدفاً لأي هجوم.

[143] المادة 13: وقف الحماية عن الوحدات الطبية المدنية:

1. لا توقف الحماية التي تتمتع بها الوحدات الطبية المدنية إلا إذا دأبت على ارتكاب أعمال ضارة بالخصم تخرج عن نطاق مهمتها الإنسانية. بيد أن هذه الحماية لا توقف إلا بعد توجيه إنذار تحدد فيه، كلما كان ذلك ملائماً، مدة معقولة ثم يبقى ذلك الإنذار بلا استجابة.

[144] المادة 3/15:

تقدم دولة الاحتلال كل مساعدة ممكنة لأفراد الخدمات الطبية المدنيين في الأقاليم المحتلة لتمكينهم من القيام بمهامهم الإنسانية على الوجه الأكمل. ولا يحق لدولة الاحتلال أن تطلب إلى هؤلاء الأفراد، في أداء هذه المهام، إيثار أي شخص كان بالأولوية في تقديم العلاج إلا لاعتبارات طبية. ولا يجوز إرغام هؤلاء الأفراد على أداء أعمال لا تتلاءم مع مهمتهم الإنسانية.

2. الركن المعنوي لهذه الجريمة:

نصّت المادة 2/8/ب/24 من أركان الجرائم بأن يتعمد مرتكب الجريمة جعل هدف الهجوم هؤلاء الموظفين أو المباني أو الوحدات أو وسائل النقل أو الأعيان التي تستعمل وسائل التعريف هذه. هذا يعني أن ما سبق أن قلناه بخصوص المادة 2/8/ب/2/1 ينطبق هنا أيضاً[145].

3. بعض الوقائع الدالة على ارتكاب هذه الجريمة:

- في 2009/1/4 قامت دبابة إسرائيلية بإطلاق قذيفة أصابت سيارة إسعاف بشكل مباشر بالقرب من مدرسة أبو عبيدة بن الجراح في بيت لاهيا شمال القطاع، مما أدى إلى استشهاد اثنين من المسعفين، وهما هاني عبد الدايم (33 عاماً) وعلاء أسامة سرحان (26 عاماً)[146].
- في 2009/1/4 استهدفت طائرة حربية ثلاثة مسعفين كانوا قد توجهوا لنقل بعض الجرحى في منطقة تل الهوى، مما أدى إلى استشهادهم، وهم ياسر كمال شبير (24 عاماً) وأنس فضل نعيم (25 عاماً) ورأفت عبد العال (24 عاماً)[147].
- في 2009/1/15 باشرت آليات الاحتلال المتقدمة داخل حي تل الهوى جنوبي مدينة غزة بإطلاق وابل من القذائف المدفعية والقنابل الدخانية الحارقة باتجاه المجمع الطبي لجمعية الهلال الأحمر الفلسطيني، الذي يضم المبنى الإداري

[145] Knut Dormann, *op.* cit., p. 349.

[146] Adalah, Supreme Court to Hold Additional Hearing on Urgent Petition Filed by Adalah and Seven Other Human Rights Organizations against the Targeting of Medical Personnel in Gaza and Preventing Them from Assisting the Wounded, 15/1/2009, http://www.adalah.org/eng/pressreleases/pr.php?file=09_01_15; and Adalah, On Friday 9 January at 9:30 am, Israeli Supreme Court to Hear Petition filed by Adalah and Seven Other HR Organizations Demanding that Israeli Army Be Prevented from Striking Ambulances in Gaza, 8/1/2009, http://www.adalah.org/eng/pressreleases/pr.php?file=09_01_08

[147] Physicians for Human Rights-Israel (PHR-Israel), Summaries of the cases of wounded and trapped people who applied to PHR-Israel for assistance in evacuation, 16-17/1/2009,
http://www.phr.org.il/PHR/article.asp?articleid=691&catid=55&pcat=44&lang=ENG; and
PHR, PHR-Israel collects testimonies from residents of Gaza and medical personnel. According to one of the testimonies, UNRWA school was shelled and 43 people have been killed, all civilians, mainly women and children, 7/1/2009,
http://www.phr.org.il/phr/article.asp?articleid=671&catid=41&pcat=41&lang=ENG

ومبنى مدينة النور ومستشفى القدس ومبنى الإسعاف ومخازن الأدوية، مما أدى إلى اندلاع النيران فيه[148].

- أكد تقرير بعثة الأمم المتحدة لتقصي الحقائق في الفصل التاسع أن القوات المسلحة الإسرائيلية قد قامت على نحو مباشر ومتعّمد بمهاجمة مستشفى القدس في مدينة غزة ومستودع سيارات الإسعاف المجاور بقذائف الفوسفور الأبيض، وتسبب الهجوم في نشوب حرائق استغرقت عملية إطفائها يوماً كاملاً، وقد رفضت اللجنة الادعاء القائل بأن نيراناً قد وجهت إلى القوات المسلحة الإسرائيلية من داخل المستشفى[149].

ك. جريمة الحرب المتمثلة في استخدام أسلحة أو قذائف أو مواد أو أساليب حربية تسبب بطبيعتها أضراراً زائدة أو آلاماً لا لزوم لها أو تكون عشوائية بطبيعتها بالمخالفة للقانون الدولي للمنازعات المسلحة... مادة 8/2/ب/20:

1. تطبيق قواعد القانون الدولي الإنساني لمعرفة طبيعة السلاح المستخدم:

هذه الجريمة تجد جذورها في المادة 2/35 من البروتوكول الأول الإضافي، والتي نصّت على "حظر استخدام الأسلحة والقذائف والمواد ووسائل القتال التي من شأنها إحداث إصابات أو آلام لا مبرر لها".

أما عبارة "أو تكون عشوائية بطبيعتها"، فهذه الفكرة موجودة في المادة 48، والتي أكدت على واجب أطراف النزاع على التمييز بين السكان المدنيين والمقاتلين وبين

---

[148] منظمة إسرائيلية: جيش الدفاع خرق القواعد الأخلاقية لمهنة الطب، جريدة القدس العربي، لندن، 2009/3/23؛ والمركز الفلسطيني لحقوق الإنسان، "الطواقم الطبية الفلسطينية بين نيران قوات الاحتلال الإسرائيلي ومهمة نقل وإسعاف القتلى والجرحى والمرضى، تقرير حول الإنتهاكات الإسرائيلية ضد الطواقم الطبية الفلسطينية خلال العدوان على قطاع غزة 2008/12/27-2009/1/13،" انظر:

http://www.pchrgaza.org/files/REPORTS/arabic/pdf_medical/medical%20report5.pdf؛ وانظر أيضاً:

PHR, Shooting at medical personnel - testimonies from Gaza, 14/1/2009, http://www.phr.org.il/phr/article.asp?articleid=685&catid=55&pcat=44&lang=ENG; and Guidelines for Israel's investigation into Operation Cast Lead: 27 Dec 2008-18 Jan 2009, site of Reliefweb, http://www.reliefweb.int/rw/RWFiles2009.nsf/FilesByRWDocUnidFilename/CJAL-7P4TUG-full_report.pdf/$File/full_report.pdf; and B'Tselem - The Israeli Information Center for Human Rights in the Occupied Territories, http://www.btselem.org/English/index.asp

[149] Human Rights Council, Human Rights in Palestine and Other Occupied Arab Territories: Report of the United Nations Fact Finding Mission on the Gaza Conflict, 12th session,15/9/2009, A/HRC/12/48.

الأعيان المدنية والأهداف العسكرية[150]. أما المادة 4/51[151]، فنصّت على حظر الهجمات العشوائية، وهي التي لا توجه إلى هدف عسكري محدد كما أسلفنا سابقاً.

وحيث إن معاهدة روما لم تنصّ بعد على أنواع الأسلحة المحرمة، فإننا هنا نلجأ إلى قواعد القانون الدولي الإنساني المتعلقة بهذا الموضوع[152]. فهناك مبدأين من مبادئ القانون الدولي العرفي يجب فهمهما عند التحدث عن تحريم استخدام بعض الأسلحة، وهذين المبدأين نصّت عليهما محكمة العدل الدولية في حكمها الصادر في شرعية التهديد أو استخدام الأسلحة النووية، حيث قالت المحكمة:

> إن المبادئ التالية تعدّ مبادئ أساسية في تشكيلة نسيج القانون الدولي الإنساني: المبدأ الأول يهدف إلى حماية السكان المدنيين والأعيان المدنية وإبراز التفرقة ما بين المحارب وغير المحارب، الدولة يجب عليها ألا تجعل من المدنيين محلاً للهجوم ويجب عليهم عدم استخدام الأسلحة غير القادرة على التفرقة ما بين المدنيين والأهداف العسكرية. أما المبدأ الثاني فيحرم التسبب بأضرار زائدة غير ضرورية للمحاربين، وبالتالي فإنه يحرم استخدام أسلحة تسبب أضراراً غير ضرورية للمحاربين، وأيضاً وبشكل غير نافع تزيد من

---

[150] المادة 48: قاعدة أساسية:

تعمل أطراف النزاع على التمييز بين السكان المدنيين والمقاتلين وبين الأعيان المدنية والأهداف العسكرية، ومن ثم توجه عملياتها ضدّ الأهداف العسكرية دون غيرها، وذلك من أجل تأمين احترام وحماية السكان المدنيين والأعيان المدنية.

[151] المادة 4/51:

تحظر الهجمات العشوائية، وتعتبر هجمات عشوائية:

أ. تلك التي لا توجه إلى هدف عسكري محدد.

ب. أو تلك التي تستخدم طريقة أو وسيلة للقتال لا يمكن أن توجه إلى هدف عسكري محدد.

ج. أو تلك التي تستخدم طريقة أو وسيلة للقتال لا يمكن حصر آثارها على النحو الذي يتطلبه هذا الحق "البروتوكول".

ومن ثم فإن من شأنها أن تصيب، في كل حالة كهذه، الأهداف العسكرية والأشخاص المدنيين أو الأعيان المدنية دون تمييز.

5. تعتبر الأنواع التالية من الهجمات، من بين هجمات أخرى، بمثابة هجمات عشوائية:

أ. الهجوم قصفاً بالقنابل، أياً كانت الطرق والوسائل، الذي يعالج عدداً من الأهداف العسكرية الواضحة التباعد والتميز بعضها عن البعض الآخر، والواقعة في مدينة أو بلدة أو قرية أو منطقة أخرى تضم تركزاً من المدنيين أو الأعيان المدنية، على أنها هدف عسكري واحد.

ب. والهجوم الذي يمكن أن يتوقع منه أن يسبب خسارة في أرواح المدنيين أو إصابة بهم أو أضراراً بالأعيان المدنية، أو أن يحدث خلطاً من هذه الخسائر والأضرار، يفرط في تجاوز ما ينتظر أن يسفر عنه ذلك الهجوم من ميزة عسكرية ملموسة ومباشرة.

[152] Knut Dormann, *op. cit.*, p. 297.

معاناتهم. وحسب هذا المبدأ الثاني فإن الدول ليس لها حرية مطلقة في اختيار الأسلحة التي تريد استخدامها[153].

وبموجب هذين المبدأين فإن القانون الدولي الإنساني يحرم استخدام بعض الأسلحة، لأن استخدامها لا يفرق بين هدف عسكري وهدف مدني، ولأن استخدامها أيضاً يسبب أضراراً زائدة وآلاما لا لزوم لها[154].

ومن الأسلحة المحرمة دولياً فإننا نستطيع الاستشهاد بقنابل الفوسفور الأبيض، فقنابل الفوسفور تعدّ مادة حارقة، وهي معروفة باسم ويلي بيت Willy pete، وقد تمّ حظر استخدامها في البروتوكول الثالث الملحق بالمعاهدة الدولية حول حظر بعض الأسلحة التقليدية سنة 1983[155].

وتحظر هذه المعاهدة استخدام الفوسفور الأبيض ضدّ الأهداف العسكرية التي تقع ضمن تجمعات مدنية، إلا إذا كانت معزولة بوضوح عما يحيط بها من سكان مدنيين، ومع استخدام الاحتياطات الكافية لحمايتهم عند استخدامه[156].

والفوسفور الأبيض هو مادة شديدة الاشتعال تحترق بمجرد تعرضها للأكسجين، وتستمر في الاشتعال إلا إذا منع عنها الأكسجين كلياً، ويسبب الفوسفور الأبيض حروقاً شديدة وعميقة ومؤلمة لدى ملامسته الجلد، ويستمر في الاشتعال حتى يصل إلى العظم[157].

ويوجد سلاح آخر قد تمّ استخدامه في الحرب على غزة في بداية سنة 2009، وهو ما يعرف باسم الدايم Dense Inert Metal Explosives (Dime)، وهذا المعدن الكثيف

---

[153] I.C.J., *Legality of the Threat or Use of Nuclear Weapons*, Advisory Opinion of 8/7/1996, I.C.J. Reports 1996, para. 78 ff, 110 ILR 163 at 207, http://www.derechos.org/nizkor/peace/icjopinion/opinion.html

[154] Knut Dorman, op. cit., p. 298.

[155] الفوسفور الأبيض سلاح حارق محرم باتفاقية دولية، الجزيرة.نت، 2009/1/6.

[156] قناة العالم الإخبارية، حقائق رئيسية عن أسلحة الفوسفور الأبيض، 2009/1/13.

[157] انظر نقاش حول استخدام "إسرائيل" الفوسفور الأبيض في: الحياة، 2009/1/18؛ وموقع مركز الأسرى للدراسات، حقائق رئيسية عن أسلحة الفوسفور الأبيض، 2009/1/17.

الخامل هو واحد من الأجيال الجديدة ذات التقنية العالية من السلاح والمصممة ليكون لها تأثير كبير على الأشخاص داخل منطقة صغيرة[158].

ويقول خبير الأسلحة البريطاني داي وليامز Dai Williams: بعد الهجوم والانفجار الأولي لقنابل الدايم تكون آثارها على الضحايا ومن ينجون من الهجوم صعباً ومخيفاً، لأنه من الصعب على الأطباء أن يعالجوا تلك الإصابات، وذلك لوجود مئات القطع من الشظايا تنبت داخل أجسامهم، ومن المستحيل إجراء عملية لاستخراجها، مما يجعل من هذا السلاح سلاحاً لا إنسانياً وفقاً لاتفاقيات جنيف[159].

وبالعودة إلى المادة 4/51/ب من البروتوكول الأول الإضافي، فإننا نجد وكما أسلفنا سابقاً أنها حظرت الهجمات العشوائية[160].

2. بعض الوقائع الدالة على ارتكاب هذه الجريمة:

- خلال حربه على غزة استخدم الجيش الإسرائيلي أسلحة محرمة دولياً في مناطق آهلة بالسكان المدنيين، ونستطيع هنا أن نسرد بعض الأدلة والوقائع التي تدللّ على وقوع جريمة حرب لا شكّ فيها:
- أكد خبراء منظمة هيومن رايتس ووتش Human Rights Watch، الذين قاموا بإجراء تحقيق ميداني شامل في قطاع غزة أن "إسرائيل" استعملت الفوسفور الأبيض في مناطق آهلة بالسكان، مما أدى إلى إصابة أطفال وشيوخ ونساء بحروق بالغة، وتضيف المنظمة أن "إسرائيل" استخدمت الفوسفور الأبيض في غزة على ثلاث مراحل[161]:

---

[158] الخبير الاستراتيجي اللواء طلعت مسلم لـ"العرب": إسرائيل جربت أسلحة جديدة على الفلسطينيين أخطرها الـ"دايم"، جريدة العرب، الدوحة، 2009/1/20.

[159] راجع فضائية الجزيرة، 2009/1/25، برنامج بلا حدود، انظر:
http://video.aol.com/video-detail/-/2714846794

[160] Claude Pilloud and Jean Pictet, "Article 51," in Yves Sandoz, Christophe Swinarski and Bruno Zimmermann (eds.), Commentary on the Additional Protocols of 8 June 1977 to the *Geneva Convention of 12 August 1949* (Geneva: Martinns Nijhoff, 1987), no 1965.

[161] انظر: ملف عن غزة بعد الحرب... ومفارقات الانقسام الفلسطيني... "هيومن رايتس وتش" لـ"الحياة": استعمال إسرائيل الفوسفور الأبيض جريمة حرب، الحياة، 2009/2/1؛ وانظر:
Human Rights Watch (HRW), *Israel/Occupied Palestinian Territories Precisely Wrong Gaza Civilians Killed by Israeli Drone-Launched Missiles*, 30/6/2009,
http://www.hrw.org/sites/default/files/reports/iopt0609webwcover_0.pdf

أ. عند بداية الهجوم الجوي استخدم الجيش الإسرائيلي الفوسفور الأبيض على الحدود الإسرائيلية مع قطاع غزة، تحديداً في المناطق المفتوحة.

ب. استخدم الجيش الإسرائيلي الفوسفور الأبيض أيضاً عند حدود المناطق الآهلة بالسكان على مداخل مدينة بيت لاهيا في شمال قطاع غزة، لتغطية هجومه البري.

ج. المرحلة الثالثة كانت مرحلة استعماله مباشرة في المناطق الآهلة بالسكان، حيث استهدف الجيش منشآت مثل مقر الأونروا في غزة ومستشفى القدس.

وكما بيّنا سابقاً وأكدته المنظمة فإن الاستعمال الثالث لهذا السلاح هو ما يشكل خرقاً صريحاً للقانون الدولي، وأشارت المنظمة أن القذائف المحملة بالفوسفور الأبيض، والتي عاينها خبراء المنظمة في قطاع غزة صنعت في ولاية لويزيانا الأمريكية سنة 1989[162]، ووزن الفوسفور الموجود في القذيفة الواحدة 5.78 كغ وهي تتطاير فور انفجارها على مساحة قطرها 250م، وأكدت المنظمة أن استعمال الجيش الإسرائيلي لهذه المادة في مناطق مدنية يشكل جريمة حرب، وأن الجيش كان يعلم بأنه سيتسبب في خسائر بين المدنيين عند استخدامه القذائف المحملة بالفوسفور الأبيض[163].

• أكدت منظمة العفو الدولية أن وفدها الذي زار قطاع غزة أكد على أن هناك أدلة لا تقبل الجدل بأن "إسرائيل" استخدمت الفوسفور الأبيض وبشكل واسع في قصف المناطق المكتظة بالسكان، واعتبرت المنظمة في تقريرها أن تكرار "إسرائيل" لاستخدام الفوسفور الأبيض بصورة مفرطة في غزة يمثل جريمة حرب، مشيرة إلى أن وفدها إلى غزة عثر على الفوسفور الأبيض والقذائف الحاملة له داخل وحول البيوت والأبنية في غزة، وبعضها قذائف من عيار 155 ملم، وقد ألحقت هذه القذائف أضراراً جسيمة بالمباني السكنية، وأضافت المنظمة أن خبراءها شاهدوا عدداً من

---

[162] جريمة ارتكبتها قوات الاحتلال في غزة، قنابل فوسفورية وارتجاعية وفراغية جميعها محرمة دولياً، ثلاثة أنواع جديدة من القنابل والصواريخ تستخدم لأول مرة, جريدة الأهرام، القاهرة، 2009/1/14؛ والقنابل الفوسفورية وحرق البشر في غزة، بريطانيا أول من صنعها واستخدمها الأمريكان لقتل جنود المحور وثوار فيتنام، بوابة الوفد الإلكترونية، 2009/1/24؛ و"الفوسفور الأبيض" سلاح أمريكي تحت التجربة تستعمله إسرائيل ضدّ المدنيين في غزة، جريدة الدستور، عمّان، 2009/1/13.

[163] من يحاسب إسرائيل على جرائمها ضدّ الإنسانية؟، بعد اعترافها باستخدام قنابل فوسفورية، جريدة الراية، قطر، 2009/1/30؛ ونقاش حول استخدام إسرائيل الفوسفور الأبيض في غزة... "ويلي بيت" ينثر جمرات تخترق أنسجة الجسم حتى العظم، الحياة، 2009/1/18 وHRW, op. cit.

الشوارع والأزقة المكسوة بالأدلة على استخدام الفوسفور الأبيض، ومن بينها شظايا ما تزال تحترق [164].

- بدأت "إسرائيل" باستخدام الفوسفور الأبيض بكثافة ضدّ المدنيين والأحياء السكنية الفلسطينية كما حدث في بلدة خزاعة ليلة 2009/1/10 [165]، عندما أطلقت الطائرات العسكرية الإسرائيلية قنبلة انشطرت إلى عدة أقسام وتناثرت عشرات الشظايا منها، إضافة إلى انتشار دخان أبيض كثيف ويمتد لمسافات كبيرة وله رائحة كريهة، وفي كل مكان سقطت فيه إحدى هذه القنابل اشتعلت نيران هائلة، وقد وصلت الحرائق إلى أكثر من سبعة منازل في حي خزاعة، وأصيب 93 شخصاً جراء ذلك، وتقول إيمان النجار (35 عاماً)، التي أصيبت بحروق بالغة جراء اشتعال النيران في منزلها بخزاعة: "لقد أطلقت الدبابات الإسرائيلية عدة قنابل، عرفنا لاحقاً أنها قنابل الفوسفور الأبيض، وبدأت القذائف بالسقوط في كل منطقة وحي من بلدة خزاعة، واندلعت على أثرها نيران في محيط المنزل، صاحبه دخان أبيض كثيف، وفي هذا الوقت أصبت بحروق كثيرة مع أبنائي الذين أصيبوا بالاختناق" [166].

- أكدت العديد من المصادر الطبية أن جثث القتلى والجرحى التي تتعرض للقصف بهذا النوع من القنابل تأتي محترقة، مؤكدة أنه حتى عظام القتلى والجرحى تكون محترقة، وأفاد الكثير من الأهالي، الذين يقطنون في كل من بلدتي بيت لاهيا ومخيم جباليا وبلدة بيت حانون والأحياء الشرقية والجنوبية من مدينة غزة، بأن الدخان الذي ينبعث بعد عمليات القصف التي تقوم بها الطائرات الإسرائيلية يؤدي إلى الكثير من حالات الاختناق وضيق التنفس، وأكدت المصادر الطبية أن الفوسفور الأبيض المستخدم في

---

[164] أمنستي: إسرائيل استخدمت الفوسفور الأبيض بحرب غزة، الجزيرة.نت، 2009/1/19؛ ومنظمة العفو الدولية، "إسرائيل/ غزة، عملية "الرصاص المسكوب": 22 يوماً من الموت والدمار"، 2009؛ وانظر:

Amnesty International: Gaza white phosphorus shells were US made, *The Sunday Times newspaper*, 24/2/2009.

[165] خزاعة أولى ضحايا الفوسفور الأبيض الذي حصد أرواح الأبرياء العزل، القنابل الفوسفورية تنشطر قسمين؛ الأول يحدث حروقًا والآخر يحدث دخاناً ونيراناً وحالات اختناق، جريدة الحياة الجديدة، رام الله، 2009/1/13.

[166] بعد أن ألقت حممها عليه في بيت حانون، قنابل الفوسفور الإسرائيلية تختطف النور من الطفل لؤي، فلسطين، 2009/1/20؛ ودعوا إلى محاكمة إسرائيل أمام القضاء الدولي، أطباء وحقوقيون يتهمون إسرائيل باستخدام أسلحة محرمة بغزة، الجزيرة. نت، 2009/1/8.

القنابل يتميز بشدة نشاطه الكيميائي حيث إنه يلتهب لمجرد تعرضه للأكسجين[167].

في مستشفى ناصر بمدينة خان يونس أكد الأطباء أن الشاب سيد الشاعر (21 عاماً) أصيب بعدة شظايا بعد استهدافه بصاروخ طائرة استطلاع إسرائيلية، مما أدى إلى بتر ساقه وإصابته في مناطق متفرقة من جسده، وأكد الأطباء أنه أصيب بقنابل جديدة تؤدي إلى قتل الخلايا في المنطقة المصابة، والتي يصعب علاجها، مما اضطرهم إلى بتر ساقه، مؤكدين أنهم واجهوا صعوبات بالغة في علاج نحو 90% من المصابين الذين بدت عليهم علامات غير معهودة قبل ذلك.

- أكد الأطباء الفلسطينيون أنهم شاهدوا حالات إصابات غريبة لم يسبق لهم أن شاهدوها من قبل، وأشاروا إلى أن هذه الإصابات نجمت عن ذخائر ومتفجرات، منها ما يعرف باسم دخائر المعدن الكثيف دايم وقنابل الفوسفور الأبيض[168].

- وأضاف الأطباء أن نوعية الإصابات الناجمة عن هذه المتفجرات تتراوح ما بين الحروق العميقة التي تصل إلى العظم وما بين بتر الأطراف وتهتك الشرايين والأوردة مما يؤدي إلى حالات نزف شديدة تفضي إلى الموت[169].

أكد تقرير لأول بعثة طبية بريطانية مستقلة زارت غزة في 2009/1/19، والذي قدّم إلى العديد من أعضاء البرلمان البريطاني، أن "إسرائيل" استخدمت العديد من الأسلحة من بينها قذائف تحتوي على الفوسفور أطلقت من المدفعية أو قصفت من الطائرات، ونقل التقرير عن شهود عيان أن هذه القذائف كانت تنفجر على بعد مرتفع فوق غزة، وتنتشر محتوياتها من الفوسفور على رقعة واسعة جداً، وقال الشهود إن الدبابات كانت تقصف المنازل أولاً بالقذائف التي تخترق الجدران وتدمر المنزل من الداخل، ثم يليها حالاً القصف بالقنابل الفوسفورية والتي تحرق كل ما بداخل المنزل، وهذا ما يفسر العثور على كمية كبيرة من الجثث المتفحمة. وأورد التقرير أن الأطباء في المستشفيات لاحظوا بعد تقديم العلاج للمصابين بحروق نتيجة لقنابل الفوسفور ظهور بقع إضافية على أجساد المصابين بعد ثلاثة أيام وأحياناً بعد عشرة أيام من تلقيهم العلاج، وأخذت تنتابهم حالات مرضية شديدة وينزفون على نحو غير

---

[167] أسلحة إسرائيلية تذيب اللحم بحي الكرامة وتل الهوى، الجزيرة.نت، 2009/1/7.

[168] غزة... حقل لتجارب الأسلحة المحرمة!!، موقع إخوان أون لاين، 2009/1/13.

[169] "الراي" تنفرد بنشر أول تقرير طبي بريطاني عن الحرب على القطاع، تقرير: "حقائق مرعبة" عن الأسلحة الإسرائيلية ضدّ مدنيي غزة، الراي، الكويت، 2009/2/4.

متوقع، ويعانون من توقف عمل الكلى أو يصابون بجلطات قلبية وعوارض أخرى، وأورد التقرير نفسه أن هذا دليل على استخدام الجيش الإسرائيلي للقذائف الثقيلة من نوع دايم، لكنه ما زال غير معروف بعد ما إذا كانت هذه القذائف التي استخدمت في جنوب قطاع غزة تحتوي على اليورانيوم المخصب Uranium[170].

- أوردت صحف التايمز The Times والغارديان The Guardian وذي إندبندنت The Independent أن "إسرائيل" استخدمت الفوسفور في حربها على غزة ضدّ المدنيين الفلسطينيين[171].
- إن رفض الجيش الإسرائيلي وتهربه من تأكيد أو نفي استخدام أسلحة معينة مثل الفوسفور الأبيض يؤكد استخدامه له.
- اتهم المدير العام للإسعاف والطوارئ بوزارة الصحة في غزة، الطبيب معاوية حسنين، الجيش الإسرائيلي باستخدام أسلحة فتاكة لأول مرة في منطقتي الكرامة وتل الهوى بغزة، وأوضح أن الأطباء والمسعفين لم يشهدوا مثل هذا النوع من الأسلحة سابقاً، مشيراً إلى أن هذه الأسلحة تسبب إذابة لخلايا الجسم وتبقيه هيكلاً عظمياً، وأضاف أن هذا ما رأوه عندما توجهوا إلى أبراج الكرامة شمال مدينة غزة، وأخرجوا من إحدى الشقق ثلاثة شهداء لحومهم ذائبة ولم يبقَ من أجسادهم إلا العظام[172].
- اتهم طبيب نرويجي (جراح عظام)، وهو البروفسور مادس غيلبرت Mads Gilbert، قوات الاحتلال الإسرائيلي بجعل قطاع غزة مختبراً لتجربة أسلحة جديدة، وقال الطبيب إنه أعدّ بحثاً طبياً عن نوعية الأسلحة التي استخدمتها "إسرائيل" في غزة،

---

170 **المرجع نفسه؛** وانظر أيضاً: تقرير: "حقائق مرعبة" عن الأسلحة الإسرائيلية ضد مدنيي غزة، شبكة فلسطين للحوار، 2009/2/4، في: http://www.paldf.net/forum/showthread.php?t=363372

171 جريدة بريطانية: إسرائيل متهمة باقتراف جرائم حرب بغزة، قنابل تسبب جروحاً مستمرة النزف ومستحيلة العلاج، الجزيرة.نت، 2009/1/18؛ وتايمز: أدلة استخدام الفوسفور الأبيض تفوق الإنكار الإسرائيلي، الجزيرة.نت، 2009/1/16؛ وغارديان: أدلة جديدة على استخدام إسرائيل الفوسفور الأبيض، الجزيرة.نت، 2009/1/17؛ وإسرائيل تمطر قطاع غزة بفوسفور أبيض محرم دولياً، الجزيرة.نت، 2009/1/5.

172 الأطباء في غزة: إسرائيل حولت القطاع إلى حقل تجارب لأصناف من الأسلحة الفتاكة والمحرمة دولياً، موقع بوابة الوفد الإلكترونية، 2009/1/24؛ و طبيب مصري عائد من غزة: إصابات الـ"دايم" أبشع ما رأيت في حياتي... والفلسطينيون منحونا الأمان، جريدة العرب، الدوحة، 2009/1/22؛ وطبيب مصري شارك في علاج الجرحى الفلسطينيين بغزة: ما نشرته "العرب" دقيق والـ"دايم" يتفاعل مع مواد التخدير وينفجر، **العرب**، 2009/1/21.

ولاحظ أن الإصابات تتطابق مع تلك التي تتسبب فيها قنابل الدايم، التي تتفاعل مع المواد المخدرة لتنفجر في جسد الجريح[173].

- ما أورده تقرير المركز الفلسطيني لحقوق الإنسان عن استخدام الجيش الإسرائيلي للفوسفور الأبيض في الصفحات 70-72[174].

- ما أورده تقرير الجامعة العربية حول ثبوت استخدام الجيش الإسرائيلي للفوسفور الأبيض في الصفحة 59[175].

- ما أورده تقرير جمعية المحامين الوطنية في أمريكا من شهادات تبين استخدام الجيش الإسرائيلي للأسلحة المحرّمة مثل الفوسفور الأبيض في الصفحات 20-24[176].

- أورد جان فرانسو فيشينو Jean François Fechino، المختص في تكنولوجيا الأسلحة الجديدة، في تقريره الصادر في نيسان/ أبريل 2009 بالتعاون مع اللجنة العربية لحقوق الإنسان والتحالف الدولي لملاحقة مجرمي الحرب، تفصيلاً دقيقاً مفصلاً عن الأسلحة التي استخدمها الجيش الإسرائيلي خلال العدوان، كما أورد التقرير دلائل على استخدام الجيش الإسرائيلي لقنابل الفوسفور الأبيض في الصفحات 1-67[177].

---

[173] طبيب نرويجي: إسرائيل جعلت غزة مختبراً لأسلحتها الجديدة، الجزيرة.نت، 2009/1/26؛ وطبيب فرنسي: شاهدت مناظر مروعة بمستشفى خان يونس، الجزيرة.نت، 2009/1/15؛ ووفد فرنسي يؤكد ارتكاب إسرائيل جرائم حرب في غزة، الجزيرة.نت، 2009/1/27.

[174] PCHR, *Targeted Civilians, APCHR Report on the Israeli Military Offensive against the Gaza Strip* (27/12/2008-18/1/2009).

[175] للاطلاع على تقرير الجامعة العربية حول جرائم غزة، انظر:
No Safe Place: Report of the Independent Fact Finding Committee on Gaza, presented to the League of Arab States (LAS), 30/4/2009.

[176] National lawyers Guild, "Onslaught: Israel's Attack On Gaza & The Rule Of Law (27/12/2008-18/1/2009)."

[177] PRELIMINARY REPORT MISSION FOR GAZA, April 2009 By Jean François Fechino
http://www.justiceforpalestinians.net/fonds/CAIBAN6P.pdf. See also Action of Citizens for the total Dismantling of Nukes (ACDN) "Report on the use of radioactive weapons in the Gaza Strip during "Operation Cast Lead" (27 December 2008-18 January 2009),"
http://www.justiceforpalestinians.net/fonds/REPORT_acdn_Gaza_4_July_2009.pdf

المبحث الثاني: الشروط القانونية الواجب توفرها للحديث عن جرائم حرب:

أ. وجود نزاع مسلح دولي:

لقد تمّ انتهاك سيادة الشعب الفلسطيني على أرضه بواسطة الاحتلال العسكري الأجنبي؛ فالاحتلال ينفي السيادة الجماعية لأي شعب على أرضه بغضّ النظر عن الجرائم التي يتمّ ارتكابها ضدّ الأشخاص. إن إدارة الأراضي الفلسطينية من قبل مصر والأردن حتى سنة 1967 لم يكن من الناحية القانونية "احتلالاً"، لكن في المقابل، فإن الاحتلال العسكري الإسرائيلي للضفة وغزة بعد سنة 1967 أوجد حالة قانونية واضحة متأصلة في المبدأ القانوني المعروف في القانون الدولي، وهو عدم الاعتراف بحيازة الأراضي بالقوة، الذي تمّ ذكره في قرار مجلس الأمن UN Security Council رقم 242[178]، والذي تمّ اعتماده في 1967/11/22، والذي يدعو إلى عودة الوضع على ما كان عليه قبل سنة 1967، وفق مبدأ عودة الأراضي مقابل السلام الدائم.

1. وجهة النظر القانونية الدولية والفلسطينية:

يُشكّل قانون النزاعات المسلحة في القانون الدولي مجموعة من القواعد التي يجب تطبيقها عندما يقوم جيش إحدى الدول بنشاطات عسكرية خارج نطاق حدوده الدولية في أعقاب بدء نزاع مسلح.

لم يمضِ وقت طويل على انتهاء الانتداب البريطاني حتى تكرّس ضمّ الضفة الغربية من قِبَل الأردن. فمنذ بداية الانتداب البريطاني كان هناك مشروع سريّ لترحيل الفلسطينيين من فلسطين إلى الأردن من أجل إيجاد كيان صهيوني هناك، فقام الملك عبد الله بضمّ الضفة الغربية في شهر كانون الثاني/ يناير 1949، وفي 1950/4/24 أقرّ البرلمان الأردني هذا الضمّ وأعلن المملكة الأردنية[179].

---

[178] انظر نص قرار مجلس الأمن 242، في:

http://www.un.org/french/documents/sc/res/1967/s67r242f.pdf؛

وهيومن رايتس تدعو لتحقيق دولي في جرائم إسرائيل بغزة، الجزيرة.نت، 2009/3/26.

[179] هذا القرار تمّ تطبيقه بتعديل قانون الجنسية في شباط/ فبراير 1954، حيث تمت إضافة أن كل شخص عربي يولد في المملكة أو في الجزء المحتل من فلسطين ويهاجر أو يخرج منها ويشمل هذا الأولاد أيضاً ثم يقدم طلباً كتابياً بالتنازل عن جنسيته السابقة يحصل على الجنسية الأردنية.

Voir *Colloque de Juristes Arabes sur la Palestine: La question palestinienne* (proceedings of a conference held in Algeria, 22-27/7/1967) (I.M.J. impr., 1968), p. 237; and Karin N. Calvo-Goller et Ruth Lapidoth, "Les éléments constitutifs de l'Etat et la déclaration du Conseil =

السؤال المطروح هنا إذا كنا نستطيع التحدث عن احتلال أردني للضفة الغربية أم لا؟

وفي الحقيقة من الصعب التحدث عن احتلال عسكري كما يصوره البعض[180]، فبعض المؤلفين مثل آلان جيرسون Alain Gerson وصف الوجود الأردني في الضفة الغربية قبل 1967 على أنه "محتل مؤتمن" Trustee Occupant وهذا يعني شيئاً أقل من سيادة شرعية على الأرض وشيئاً أكبر من طرف محتل. وهذا الوصف نفسه الذي وصف به المؤلف الوجود الإسرائيلي في الضفة الغربية بعد انتهاء الوجود الأردني هناك[181]. نحن نعتبر أن الوجود الأردني في الضفة كان عبارة عن إدارة مؤقتة *Temporary Administration*، لأن الأردن كان قد انتُدب من قِبل الجامعة العربية في سنة 1950. أمّا الوجود الإسرائيلي في الضفة فلا يمكن وصفه إلاّ أنه احتلال غير شرعي. وهذا ما أكدّه آدم روبرت Adam Roberts، الذي يرى أنه من المستحيل وصف الاحتلال الإسرائيلي للضفة بأنّه "محتل أمين" *Trustee Occupant*[182].

مع نهاية الانتداب البريطاني في شهر أيار/ مايو 1948 بقي الوضع القانوني لقطاع غزة طوال الوقت تابعاً إدارياً لمصر، ولم تحاول مصر ضمه إليها. مع ذلك يصف البعض إدارة قطاع غزة من قبل مصر بوصفه احتلالاً *Belligerent occupant*، باعتبار أن الحكم الإداري *Administrative Government* لا يغير شيئاً من الصفة العسكرية للاحتلال[183]. ما نستطيع قوله هنا إن إدارة مصر لقطاع غزة لا يمكن وصفها قانونياً

national palestinien du 15 novembre 1988," *Revue Générale de Droit International Public* = (RGDIP), 1992, pp. 777-809; and Alain Gresh et Dominique Vidal, Palestine 47: *Un partage avorté* (Bruxelles: Éditions Complexe, 1998); and L.M. Frank, "The territorial title of the state of Israel to "Palestine": An appraisal in international Law," *Revue Belge de Droit International* (*RBDI*), 1978-1979, 2, pp. 518-519.

180 See Allan Gerson, "Trustee-Occupant: The legal status of Israel's presence in the West Bank," *Harvard International Law Journal* (HILJ), vol. 14, 1973, pp. 1-49; and Yehuda Blum, "The missing reversionner: Reflection on the status of Judea and Samaria," *Irish Student Law Review* (*ISLR*), vol. 3, 1968, pp. 279-301.

181 Allan Gerson, "Trustee-Occupant: The legal status of Israel's presence in the West Bank," HILJ, vol. 14, 1973, pp. 36-46; and Voir Pierre-Marie Martin, *Le Conflit Israelo-Arabe: Recherches Sur L'Emploi de la Force en Droit International Public Positif* (Paris: Librairie générale de droit et de jurisprudence, 1973), pp. 276-277.

182 Adam Roberts, "What is a Military Occupation?," *British Year Book of International Law* (*BYBIL*), vol. LV, 1984, p. 304.

183 Voir Pierre-Marie Martin, *Le Conflit Israelo-Arabe: Recherches Sur L'Emploi de la Force en Droit International Public Positif*, pp. 276-277.

بالاحتلال، لأن مصر كانت تعتبر دائماً قطاع غزة بوصفه "أراضٍ مؤتمن عليها" Trust Territory وتحملت مسؤولياتها بوصفه أمين Trustee[184].

للاحتلال العسكري أشكال كثيرة كانت محلّ نقاش في الفقه القانوني الدولي ولكن جميعها ملزم باحترام قانون النزاعات المسلحة[185]. في الكتابات القانونية الخاصة بالأراضي العربية المحتلة جرت العادة على استخدام مصطلحين، وهما: احتلال occupation، وضمّ annexion. وحتى نستطيع فهم ما ينبغي تطبيقه على الأراضي الفلسطينية لا بدّ من توضيح معنى كل منهما في القانون الدولي العام، فالضم عبارة عن "عملية تتمّ بموجب معاهدة أو بدون معاهدة، ونتيجة لذلك يصبح كل أو جزء من أراضي الدولة تحت سيادة دول أخرى"[186]. أما بالنسبة للاحتلال فإن قواعد لاهاي لسنة 1907 تنصّ على أن "الأراضي تعتبر محتلة عندما تكون بشكل فعلي تحت سلطة جيش العدو"[187].

أصبحت "إسرائيل" في حزيران/ يونيو 1967 دولة محتلة للأراضي العربية بشكل عام، والفلسطينية بشكل خاص. وفي نظرة معمقة لمبادئ القانون الدولي فإن استخدام القوة للسيطرة على الأراضي الفلسطينية يعدّ عملاً غير قانوني non valide، وهو جوهر معنى تحريم حيازة الأراضي بواسطة الحرب المذكورة في نصّ القرار 242 لسنة 1967 وفي نصّ القرار 338 لسنة 1973[188].

---

184 See L.M. Frank, "The territorial title of the state of Israel to "Palestine": An appraisal in international Law," *Revue Belge de Droit International* (*RBDI*), 1978-1979, 2, pp. 518-519.

185 Adam Roberts, "What is a Military Occupation?," *British Year Book of International Law* (*BYBIL*), vol. LV, 1984, pp. 249-305.

186 Jules Basdevant, *Dictionnaire de la Terminologie du Droit International* (Paris: Sirey, 1960).

187 Articles 42 et 43.

188 إن مجلس الأمن، "وإذ يؤكد عدم جواز الاستيلاء على الأراضي بالحرب..." (اقتباس من نصّ القرار 242)، صدر يوم 1967/11/22. المبدأ نفسه تمّ التأكيد عليه في القرار 338 ضمنياً، وقد صدر بتاريخ 1973/10/22 "... يدعو جميع الأطراف المعنية إلى البدء فوراً، بعد وقف إطلاق النار، بتنفيذ قرار مجلس الأمن 242 (1967) بجميع أجزائه". أما بخصوص القدس فقد أصدر مجلس الأمن العديد من القرارات التي تحرّم اكتساب الأرض بالقوة والغزو العسكري منها:

- القرار رقم 252 بتاريخ 1968/5/21 صدر على أثر عدم امتثال دولة الكيان الصهيوني لقرارات الجمعية العامة. واعتبر القرار جميع ما قامت به دولة الكيان من إجراءات إدارية أو تشريعية، أو مصادرة للأراضي والأملاك العامة لاغية وباطلة.
- القرار رقم 267 بتاريخ 1969/7/3 يؤكد على القرار رقم 252.
- القرار رقم 271 بتاريخ 1969/9/15 وقد جاء تعقيباً على إحراق المسجد الأقصى ويؤكد على القرارين =

أما ميثاق الأمم المتحدة فيؤكد على هذا المعنى في المادة 4/2، إذ "يحرم التهديد أو استخدام القوة ضدّ سلامة الأراضي، أو الاستقلال السياسي لكلّ الدول أو على أيّ وجه آخر لا يتفق ومقاصد الأمم المتحدة". إنّ تحريم استخدام القوة يشمل خاصة تحريم انتهاك حدود الدولة الدولية وأيّة حدود مؤقتة[189]، وهذا المبدأ تمّ التأكيد عليه بشكل صريح في القرار الاستشاري الصادر عن محكمة العدل الدولية بخصوص النتائج القانونية الناجمة عن بناء الجدار في الأراضي الفلسطينية المحتلة الصادر في 2004/7/9[190].

كما أكدت محكمة العدل الدولية على هذا المبدأ في قرارين قضائيين مهمّين؛ الأول: متعلق بقضية مضيق كورفو *Détroit de Corfou*، حيث أدانت المحكمة استخدام بريطانيا للقوة ضدّ ألبانيا، وأكدت أن "احترام سيادة الأراضي هي واحدة من الأسس الأساسية للعلاقات الدولية ما بين الدول المستقلة"[191]. والثاني: في قضية النشاطات العسكرية وشبه العسكرية في نيكاراغوا *Activités militaires et paramilitaires au Nicaragua et contre celui-ci* حيث اعتبرت المحكمة في قرار دقيق ومفصل أن مبدأ تحريم استخدام القوة هو أحد المبادئ الرئيسية والضرورية في القانون الدولي العرفي[192].

= السابقين. وعدم جواز اكتساب الأرض بالقوة والغزو العسكري. وأشار القرار إلى حرمة الأماكن المقدسة واعتبر أي تدنيس للمواقع الدينية أو أي تواطؤ من هذا القبيل تهديد للسلام العالمي وطلب من دولة الكيان الامتناع عن خرق القرارات الدولية المذكورة أعلاه، وأن تبطل جميع الاجراءات التي تؤدي إلى تغيير وضع القدس. انظر:

Géraud de la Padelle, "Les résolutions du Conseil de sécurité sur la question des annexions," Revue d'Etudes Palestiniennes (REP), Institut des Etudes Palestiniennes, no. 41, 1991, pp. 17-32; and

Glenn Perry, "Security Council Resolution 242: The Withdrawal Clause," The Middle East Journal, Middle East Institute, vol. 31, no. 4, Autumn 1977, pp. 413-433. Le texte de la résolution 338 (1973) du 22/10/1973 est disponible sur le site Internet des Nations Unies, à l'adresse: http://www.un.org/french/documents/sc/res/1973/s73r338f.pdf

189 Cf. Michel Virally, article 2: para. 4, dans Jean-Pierre Cot et Alain Pellet, *La Charte des Nations Unies, Commentaire article par article, 2ème édition* (Paris: Economica, 1991), pp. 115-127.

190 C.I.J., *Conséquences juridiques de l'édification d'un mur dans le territoire palestinien occupé,* Recueil des arrêts: avis consultatif et ordonnances, Avis Consultatif du 9/7/2004, para. 117.

191 C.I.J., *Détroit de Corfou* (*Royaume-Uni de Grande-Bretagne et d'Irlande du Nord c. Albanie*), fond, arrêt, C.I.J. Recueil 1949, p. 35.

192 C.I.J., *Activités militaires et paramilitaires au Nicaragua et contre celui-ci* (Nicaragua c. Etats-Unis d'Amérique), fond, arrêt, C.I.J. Recueil 1986, §§ 172-192, pp. 92-102, spéc. § 190, p. 100.

يتعارض مفهوم الاحتلال مع الضمّ؛ حيث إن النظام القانوني لكل منهما لا يلتقي في المحور نفسه، فالاحتلال لا يمكن أن يُعتبر إلا حالة مؤقتة، ولا يتطور إلى ممارسة سيادة كاملة على الأرض المحتلة، وهذا ما أكده شارل روسو Charles Rousseau، أحد مشاهير القانون الدولي، عندما قال: "إن الاحتلال يرتب أثرين قانونين؛ أولهما أن هذا الاحتلال ليس ناقلاً للسيادة من الدولة المحتلة إلى الدولة المسؤولة عن الاحتلال، أما ثانيهما فهو أن الاحتلال ليس ناقلاً سوى لاختصاصات إدارية وإنسانية من الدولة المحتلة إلى دولة الاحتلال"[193].

2. وجهة النظر الإسرائيلية:

لا تعدّ "إسرائيل" الضفة الغربية وقطاع غزة والقدس الشرقية أراض محتلة، وبالتالي فهي لا تعترف بتطبيق اتفاقية جنيف الرابعة (1949/8/12) المتعلقة بحماية المدنيين أثناء الحرب. ومع ذلك فإنها تعترف بتطبيق هذه الاتفاقية بشكل واقعي de facto وليس بشكل قانوني de Jure. ومن جهة أخرى يرفض معظم القانونيين الدوليين والجماعة الدولية وجهة النظر الإسرائيلية هذه، لأن ذلك يخالف الاتفاقية نصّاً وروحاً[194]. فالمادة الأولى من الاتفاقية تنصّ على أن "تتعهد الأطراف المتعاقدة باحترام وجعل الآخرين يحترمون هذه الاتفاقية في جميع الظروف"، وتحدد المادة الرابعة من الاتفاقية النطاق الشخصي لتطبيقها عندما تنصّ على أن "الأشخاص المحميين حسب الاتفاقية هم أولئك الذين يتواجدون في لحظة معينة، وبأي طريقة كانت، في حالة نزاع أو احتلال تحت سيطرة أحد أقطاب النزاع أو الطرف المحتل؛ إذ لا يشكلون رعايا ذلك الطرف".

يصعب جداً موافقة وجهة النظر الإسرائيلية هذه، والتي لا تحظى إلا بتأييد الجانب الإسرائيلي، لأنه من جهة يصعب حرمان السكان الفلسطينيين من تطبيق الاتفاقية

193 Charles Chaumont, *Le Droit des Conflits Armés* (Paris: Pedone, 1983), p. 136.

194 See Adam Roberts, "What is a Military Occupation?," *British Year Book of International Law* (*BYBIL*), vol. LV, 1984, pp. 283-284; Richard Falk and Burns H. Weston, "The Relevance of International Law to Palestinian Rights in the West Bank and Gaza: In legal Defence of the Intifida," *Harvard International Law Journal* (*HILJ*), vol. 32, no. 1, 1991, pp. 138-144; Michael Curtis, "International Law and the Territories," *HILJ*, vol. 32, no. 2, 1991, pp. 486-492; and Meir Shamgar, "The Observance of International Law in the Administered Territories," in Yoram Dinstein (ed.), *Israel Yearbook on Human Rights* (Tel Aviv: Faculty of Law, Tel AvivUniversity, 1971), vol. 1, pp. 262-266.

بدعوى وجود وجهات قانونية مختلفة في هذا الصدد[195]، خاصةً أن للمدنيين في حالة الحرب أو النزاع الحقّ القانوني في توفير الحماية لهم[196]. فضلاً عن أن نصوص اتفاقية جنيف المتعلقة بالاحتلال تتعلق بشكل أساسي بحماية الأشخاص، ولا ترتب أي التزامات قانونية إلا على الطرف المحتل[197]. كما أكدت محكمة العدل الدولية في قرارها الاستشاري الخاص بالنتائج القانونية الناجمة عن بناء الجدار في الأراضي الفلسطينية المحتلة الصادر في 2004/7/9 على تطبيق اتفاقيات جنيف، وخاصة الاتفاقية الرابعة على الأراضي الفلسطينية المحتلة، رافضة بذلك الحجج الإسرائيلية بعدم تطبيقها بشكل قانوني[198].

تعطي وجهة النظر الإسرائيلية نوعاً من الشرعية على احتلالها للضفة الغربية والقدس وقطاع غزة، تنبثق من تفسيرها للقرار 242 الصادر عن مجلس الأمن. فيرى الإسرائيليون أن القرار 242 يحرّم حيازة الأراضي بالقوة، لكنه لا يحرم الاحتلال. وتقول روث لابيدوث Ruth Lapidoth في هذا السياق "إن تحريم حيازة الأراضي بالقوة له طبيعة إعلانية، إلا أن القرار لم يتعرض للاحتلال بحدّ ذاته، لذلك لا نستطيع القول إن إسرائيل تحتل الضفة وغزة والقدس بطريقة غير شرعية"[199]. تحاول لابيدوث

---

195 Voir I. Salama, *Essai sur l'évolution du concept des droits nationaux palestiniens de la guerre de 1973 26 à la proclamation de l'Etat palestinien indépendant*, Thèse, Université de Paris Sud, 1989, p. 392.

196 يجب القول هنا إن "إسرائيل" عضو في اتفاقية جنيف ولا تستطيع التهرب من مسؤولياتها في تطبيق بنود الاتفاقية بحجة أن الشعب الفلسطيني ليس عضواً، لأنه حسب المادة 3/2 من اتفاقية جنيف الرابعة لسنة 1949 ورد أن السلطة غير العضو يمكن لها الاستفادة من نصوص الاتفاقية إذا وافقت على تطبيق مواد الاتفاقية. ومن المعلوم أن منظمة التحرير طالبت دوماً بتطبيق الاتفاقية، بل طالبت بالانضمام لها في 1975/1/21.

Jean Pictet, *Commentaire de la Convention de Genève relative à la protection des personnesciviles en temps de guerre* (Genève: CICR, 1956), pp. 28-30.

197 Alain Pellet, "La destruction de Troie n'aura pas lieu," in Anis F. Kassim (ed.), The Palestine 28 *Yearbook of International Law* (Kluwer Law International and al-Shaybani Society ofInternational Law, 1988), vol. 4, 1987/88, p. 69.

198 C.I.J., *Consequences juridiques de l'édification d'un mur dans le territoire* palestinien occupé, Recueil des arrêts: avis consultatif et ordonnances, Avis Consultatif du 9/7/2004, paras. 93-94.

199 Ruth Lapidoth, "La Résolution du Conseil de Securité en date du 22 Novembre 1967 au sujet 30 du Moyen-Orient," Revue Générale de Droit International Public (RGDIP), 1970, p. 296.

التمييز هنا ما بين احتلال شرعي، واحتلال غير شرعي لتذهب في النهاية إلى أن ما قامت به "إسرائيل" سنة 1967 هو دفاع عن النفس[200]، حتى ولو تجاوزنا وجهة النظر الآنفة الذكر، فإن ذلك لا يعطي الحقّ لـ"دولة إسرائيل" في احتلال أراضي دولة أخرى.

إن حقّ الدفاع عن النفس المنصوص عليه في المادة 51 من ميثاق الأمم المتحدة له معايير واضحة للتطبيق، ومن ضمنها مبدأ النسبية، وهذا يعني أنه لا يجوز احتلال أراضي دولة أخرى لمدة غير محدودة بحجة الدفاع عن النفس[201].

ما نستطيع وصفه بشرعي، أو غير شرعي في هذا المقام هو تحريم استخدام القوة، وليس النتائج المترتبة على استخدام القوة وهو الاحتلال[202].

يعدّ الاحتلال حالة واقعية يتمّ التعامل معه حسب القانون الدولي، فالاحتلال حالة مؤقتة، وليس ناقلاً للسيادة. وهذا ما يدفع "إسرائيل" إلى رفض الاعتراف أنها دولة محتلة[203]، وهذا بالضبط ما أكدته محكمة العدل الدولية في قرارها الاستشاري الخاص بالنتائج القانونية الناجمة عن بناء الجدار في الأراضي الفلسطينية المحتلة حيث أكدت المحكمة "أنه حسب القانون الدولي العرفي فإن الأراضي الفلسطينية تعتبر محتلة، وتعتبر إسرائيل سلطة احتلال occupation power"[204].

---

[200] *Ibid.*, p. 297.

[201] المادة 51:

ليس في هذا الميثاق ما يضعف أو ينتقص الحقّ الطبيعي للدول، فرادى أو جماعات، في الدفاع عن أنفسهم إذا اعتدت قوة مسلحة على أحد أعضاء "الأمم المتحدة"، وذلك إلى أن يتخذ مجلس الأمن التدابير اللازمة لحفظ السلم والأمن الدولي، والتدابير التي اتخذها الأعضاء استعمالاً لحقّ الدفاع عن النفس تبلغ إلى المجلس فوراً، ولا تؤثر تلك التدابير بأي حال فيما للمجلس، بمقتضى سلطته ومسؤولياته المستمرة من أحكام هذا الميثاق، من الحقّ في أن يتخذ في أي وقت ما يرى ضرورة لاتخاذه من الأعمال لحفظ السلم والأمن الدولي أو إعادته إلى نصابه.

[202] المادة 4/2 من ميثاق الأمم المتحدة تنصّ على أنه "يمتنع أعضاء الهيئة جميعاً في علاقاتهم الدولية عن التهديد باستعمال القوة أو استخدامها ضدّ سلامة الأراضي أو الاستقلال السياسي لأية دولة أو على أي وجه آخر لا يتفق ومقاصد الأمم المتحدة". انظر:

Sally Mallison, "A Juridical analysis of the Israeli settlements in the occupied territories," in United Nations, *Question of Palestine. Legal Aspects* (UN: 1991), p. 103.

[203] Henry Cattan, "Le 'dossier Palestine', au-delà de la résolution 242," dans Le Monde Diplomatique, janvier 1992, no. 454, p. 21.

[204] C.I.J., *Conséquences juridiques de l'édification d'un mur dans le territoire palestinien occupé*, paras. 70-78.

واستناداً لقواعد القانون الدولي العام، يعتبر انسحاب قوات الاحتلال الإسرائيلي عن أجزاء من قطاع غزة في سنة 2005، مجرد إعادة انتشار وانسحاب جزئي لقوات الاحتلال عن هذه الأراضي وليس إنهاء لحالة الاحتلال، لكون هذا الانسحاب اقتصر على الإقليم الترابي ولم يمتد ليشمل كافة مكونات الإقليم الفلسطيني، بل لم يسترد الفلسطينيون سيادتهم عليه، جراء تمسك "إسرائيل" بعد جلائها عن قطاع غزة بالسيطرة على أجواء القطاع، فضلاً عن البحر، وأيضاً على المعبر الحدودي الفاصل بين قطاع غزة ودولة مصر، كما لم تزل لغاية هذه اللحظة تتحكم بحركة المواطنين من وإلى القطاع، فضلاً عن تحكمها المطلق بدخول الإمدادات على اختلافها، وليس هذا فحسب بل لم تزل دولة الاحتلال الإسرائيلي تتحكم بمن لهم حقّ الإقامة في القطاع، بدليل إصدارها سنة 2007 لأكثر من ثمانية آلاف موافقة على طلبات لمّ شمل لأسر القطاع، مما يعني بأن قطاع غزة لم يزل تحت السيطرة الفعلية لقوات وإدارة المحتل.

وبالنظر لكون قطاع غزة أرض محتلة، تبقى علاقة هذه الأرض مع دولة الاحتلال الإسرائيلي محكومة بقواعد القانون الدولي الإنساني الناظمة للاحتلال، كما تبقى جميع التزامات المحتل الناشئة عن لائحة لاهاي لسنة 1907 واتفاقية جنيف الرابعة لسنة 1949 وغيرها من القواعد العرفية الناظمة للاحتلال، سارية وواجبة الاحترام والتطبيق من قبل المحتل الإسرائيلي.

هذا الشرط تمّ التأكيد عليه من قبل قضاة المحكمة الدولية في القضية المرفوعة ضدّ توماس لوبانغا دايلو The Prosecutor v. Thomas Lubanga Dyilo، في معرض حديث القضاة عن طبيعة النزاع الدولي. حيث لاحظ القضاة أن معاهدة روما وأركان الجرائم لم تورد تعريفاً للنزاع المسلح الدولي لغرض المادة 2/8/ب. وأضاف القضاة في الفقرة 205 أن الهامش 34 من أركان الجرائم فقط قد نصّ على أنّ النزاع المسلح الدولي يشمل الاحتلال العسكري[205]، ولجأ القضاة إلى الاعتماد على المادة 1/21/ب والمادة 3/21 والتي تنصّ على تطبيق المعاهدات الدولية ومبادئ القانون الدولي الخاصة بالنزاع المسلح الدولي[206]. ولجأ القضاة إلى المادة الثانية المشتركة من اتفاقية جنيف الواجب تطبيقها في النزاع المسلح الدولي، والتي تنصّ على أنه:

205 International Criminal Court (ICC), Situation in the Democratic Republic of the Congo in the Case of The Prosecutor v. *Thomas Lubanga Dyilo*, Pre-Trial Chamber 1, ICC-01/04-01/06, 29/1/2007, http://www.icc-cpi.int/iccdocs/doc/doc266175.PDF

206 *Ibid.*

علاوة على الأحكام التي تسري في وقت السلم، تنطبق هذه الاتفاقية في حالة الحرب المعلنة أو أي اشتباك مسلح آخر ينشب بين طرفين أو أكثر من الأطراف السامية المتعاقدة، حتى لو لم يعترف أحدها بحالة الحرب. تنطبق هذه الاتفاقية أيضاً في جميع حالات الاحتلال الجزئي أو الكلي لإقليم أحد الأطراف السامية المتعاقدة، حتى لو لم يواجه هذا الاحتلال مقاومة مسلحة.

وبناء على ذلك اعتبر القضاة أن النزاع المسلح يكون دولياً إذا حدث بين دولتين أو أكثر، وهذا يمتد إلى الاحتلال الكلي أو الجزئي لدولة أخرى[207]. وقد تبنى قضاة المحكمة الجنائية الدولية International Criminal Court (ICC) في قضية جرمان كاتانغا وماثيو نجولو Germain Katanga and Mathieu Ngudjolo في قرارهم الخاص بتأكيد التهم الموجهة لهم الموقف نفسه السابق ذكره[208].

ب. وجود علاقة ما بين الجرائم التي ارتكبت في قطاع غزة والنزاع المسلح:

لكي يتمّ اعتبار هذه الجرائم التي ارتكبت في غزة في الفترة ما بين 2008/12/27 إلى 2009/1/17 جرائم حرب، فإنها يجب أن تكون قد ارتكبت خلال وفي علاقة مع نزاع مسلح دولي.

وهذا ما أكده قضاة المحكمة الجنائية الدولية في قضية جرمان كاتانغا وماثيو نجولو في قرارهم الخاص بتأكيد التهم الموجهة لهم، حيث قالت المحكمة:

"In order to constitute war, the crimes allegedly committed in, or in connection with the attack… must have occurred in the context of, or in association with, the established armed conflict of an international character".

"لاعتبار الجريمة جريمة حرب فإن الجرائم المدعى أنها ارتكبت أثناء أو أنها متعلقة بالهجوم... يجب أن تحدث في سياق أو على علاقة بنزاع ذو صفة دولية"[209].

وأيضاً تمّ التأكيد على الشرط نفسه في قضية المدعي العام ضدّ توماس لوبانغا دايلو

---

207 *Ibid.*

208 ICC, Situation in the Democratic Republic of the Congo in the Case of *The Prosecutor v. Germain Katanga and Mathieu Ngudjolo Chui,* Pre-Trial Chamber 1, Public Redacted Version, Decision on the confirmation of charges, ICC-01/04-01/07, 30/9/2008, para. 238, http://www.icc-cpi.int/iccdocs/doc/doc571253.pdf

209 *Ibid.*, para. 379.

في الفقرة 288 في القرار الصادر لتأكيد التهم في 2007/1/29[210].

أيضاً يمكن ملاحظة أن جميع ما أوردناه من جرائم حرب والتي وقعت من الفترة ما بين 2008/12/27 و2009/1/17 تقع باعتبارها نزاعاً مسلحاً في الأراضي المحتلة، و"إسرائيل" باعتبارها دولة محتلة.

تجدر ملاحظة أن معاهدة روما وأركان الجرائم في المحكمة الجنائية لم توضح معنى "في (سياق) نزاع مسلح أو (مرتبط بـ) نزاع مسلح"، لكن قضاة المحكمة في القضية السابق ذكرها قد لجأوا إلى قرارات المحاكم الدولية، حيث استشهدوا في الفقرة 381 من قرارهم بما قاله قضاة محكمة الجزاء الدولية ليوغوسلافيا السابقة في قضية تاديش Tadic case حيث قالت:

> يوجد نزاع مسلح عندما يكون هناك لجوء إلى قوة مسلحة ما بين دولتين أو يكون هناك عنف مسلح ما بين سلطات حكومية ومجموعات مسلحة منظمة أو ما بين هذه المجموعات المسلحة المنظمة في داخل الدولة. يطبق القانون الدولي الإنساني من نقطة بداية النزاع المسلح ويمتد إلى ما بعد وقف العمليات الحربية إلى حين الوصول إلى سلام أو في حالة النزاع المسلح الداخلي إلى حين الوصول إلى تسوية سلمية. حتى تلك اللحظة فإن القانون الدولي الإنساني يستمر في التطبيق على جميع أراضي الدولة، وفي حالة النزاع الداخلي فإن القانون الدولي الإنساني يطبق على الأراضي الخاضعة لسيطرة أحد الأطراف بغض النظر إذا ما كان هناك قتال قد وقع فعلياً أم لا[211].

أما فيما يتعلق ما بين الجرم نفسه وعلاقته بالنزاع المسلح فإن قضاة محكمة الجزاء الدولية ليوغوسلافيا السابقة قد قالوا:

> لتقرير ما إذا كان الفعل موضع السؤال متصل بشكل كافٍ بنزاع مسلح فإن هيئة البداية القضائية يمكن أن تأخذ في عين الاعتبار العوامل التالية: حقيقة ما إذا كان الفاعل محارباً أم لا، وحقيقة ما إذا كان الضحية فرداً من الطرف

---

[210] I.C.C, Situation in the Democratic Republic of the Congo in the Case of *The Prosecutor v. Thomas Lubanga Dyilo*, Pre-Trial Chamber, ICC-01/04-01/06, 29/1/2007.

[211] *Ibid.*, para. 381.

الخصم، وحقيقة ما إذا كان الفعل المجرَّم يخدم الهدف الرئيسي من وراء الحملة العسكرية، وحقيقة أن الجريمة قد ارتكبت كجزء من أو في سياق الواجبات الرسمية لمرتكب الفعل[212].

ج. إدراك وعلم المهاجمين بأن هناك نزاع مسلح:

بناء على أركان الجرائم وتفسيرها للمادة الثامنة من معاهدة روما، فإن الشرط الآخر اللازم للحديث عن جرائم الحرب هو أن يكون المهاجمين على علم ودراية بالظروف الواقعية التي تثبت وجود النزاع المسلح. وقد أكد قضاة المحكمة الجنائية على هذا الشرط في قضية جرمان كاتانغا وماثيو نجولو، وذلك في قرارهم الخاص بتأكيد التهم الموجهة لهم حيث قالت المحكمة:

> بناء على الأدلة التي تمّ الإشارة إليها في الفصول السابقة فإن قضاة المحكمة وجدوا أن هناك اعتقاداً جوهرياً أن أعضاء FNI/FRPI وقائدهم جرمان كاتانغا وماثيو نجولو كانوا على علم أكيد بوجود نزاع مسلح وأن الهجوم على قرية بوغورو وجميع الجرائم التي ارتكبت خلال وبعد الهجوم تعتبر جزءاً من خطة استراتيجية مشتركة للسيطرة على قرية بوغورو[213].

وكما هو معروف فإن الجنود الإسرائيلين والحكومة الإسرائيلية على علم فعلي بأن قطاع غزة والضفة الغربية كأراضٍ محتلة هما جوهر النزاع مع الدولة العبرية. وكما بينا سابقاً خلال شرح الركن المعنوي لكل جريمة، فإن عنصر القصد في القتل قد تمّ النصّ عليه في بعض الجرائم. وهناك الكثير من البراهين تثبت نية الجيش الإسرائيلي قتل المدنيين بهذه الصفة، على الرغم من أنهم لم يشاركوا في العمليات الحربية[214]، وفيما يلي بعض الأمثلة على ذلك:

---

[212] *Ibid.*, para. 382.

[213] I.C.C, Situation in the Democratic Republic of the Congo in the Case of The Prosecutor v. *Germain Katanga and Mathieu Ngudjolo Chui*, Pre-Trial Chamber 1, Public Redacted Version, Decision on the confirmation of charges, ICC-01/04-01/07, 30/9/2008, para. 387.

[214] الاحتلال يتعمد ارتكاب المجازر في صفوف الأطفال والمدنيين، الجزيرة.نت، 2009/1/4؛ وشهادات فلسطينية تكشف الاستهداف الإسرائيلي للمدنيين، الجزيرة.نت، 2009/1/28؛ وموقع مؤسسة الحق، استهداف المدنيين في قطاع غزة، 2008/12/29.

- منذ اليوم الأول للعدوان على غزة فإن ضحايا الصواريخ والقذائف الإسرائيلية هم بمعظمهم من المدنيين[215].
- قصف مدارس الأونروا، على الرغم من علم الجيش الإسرائيلي بأنها مواقع محمية.
- الاستهداف المباشر للمدارس والمساجد.
- يتبين من الوسائل التقنية المستخدمة من قبل الجيش الإسرائيلي قدرته على التمييز بين الهدف العسكري والهدف المدني، وبالرغم من ذلك تمّ استهداف الأهداف المدنية.
- استهداف الطواقم الطبية والمسعفة.
- ومما يؤكد القتل المتعمد للمدنيين ما قالته شولاميت ألوني Shulamit Aloni، الناشطة في اليسار الإسرائيلي، بأن الجيش حصل مؤخراً على الإذن بقتل المدنيين الذين يكونون بالقرب من شخص مطلوب، وذلك حسب ما نشرته الصحافة في كانون الأول/ ديسمبر 2008، ونشرت بجانب ذلك صورة القائد في الجيش وهو يبتسم[216].
- وأيضاً نستطيع أن نورد هنا ما قاله رئيس الوزراء الإسرائيلي إيهود أولمرت Ehud Olmert في 2009/2/1 بأن "إسرائيل" سترد بشكل غير متكافئ على إطلاق الصورايخ الفلسطينية، وقال إنه أعطى توجيهات للجيش للتحضير للرد المناسب[217].

---

[215] The legal center for Arab Minority Rights in Israel (Adalah), "URGENT, Re: The Killing of Civilians in the Gaza Strip," 4/1/2009, http://www.adalah.org/features/gaza/Letter%20Killing%20Civilians%20in%20Gaza%5B1%5D.doc

[216] سياسية إسرائيلية: الجيش حصل على إذن بقتل المدنيين، الجزيرة.نت، 2009/1/8.

[217] إسرائيل "سترد بشكل غير متكافئ" على الصواريخ، بي بي سي، 2009/2/1؛ والاحتلال ينكل بالمدنيين لحرمان المقاومة من حاضنتها الشعبية، الجزيرة.نت، 2009/1/19.

الفصل الثاني

الجرائم ضدّ الإنسانية المرتكبة في قطاع غزة خلال العدوان

الجرائم ضدّ الإنسانية المرتكبة في قطاع غزة خلال العدوان

بعد أن فصّلنا سابقاً جرائم الحرب التي ارتكبت في قطاع غزة، نستطيع أن نورد هنا الجرائم ضدّ الإنسانية حسب نصوص معاهدة روما، والتي ارتكبت في قطاع غزة.

تضع الفقرة الأولى من المادة السابعة التعريف العام للجرائم ضدّ الإنسانية، وتورد قائمة بالأفعال التي تدخل في اختصاص المحكمة، أما الفقرة الثانية فتورد توضيحات محددة على التعابير الواردة في الفقرة الأولى، ولن ندخل هنا في الجدل الذي ثار حول تعريف الجرائم ضدّ الإنسانية، وإنما سوف نركز على توضيح الأركان الواجب توفرها للحديث عن جرائم ضدّ الإنسانية بشكل عام والأركان الواجب توفرها لكل جريمة على حدة.

نصّت المادة 1/7 "لغرض هذا النظام الأساسي يشكل أي فعل من الأفعال السابقة جريمة ضدّ الإنسانية متى ارتكبت في إطار هجوم واسع النطاق أو منهجي موجه ضدّ أية مجموعة من السكان المدنيين، وعن علم بالهجوم:

أ. القتل العمد.

ب. الإبادة....."[1].

1 ICTY, Prosecutor v. *Kupreskic et al*, Trial Chamber, Judgement of 14/1/2000, para. 547; Kai Ambos and Steffen Wirth, "The current law of crimes against humanity," *Criminal Law Forum*, Society for the Reform of Criminal Law, vol. 13, 2002, pp. 1 et seq.: and Kelly Dawn Askin, "Crimes within the jurisdiction of the ICC," Criminal Law Forum, Society for the Reform of Criminal Law, vol. 10, 1999, pp. 33 et seq.; Darryl Robinson, "Defining Crimes against humanity at the Rome Conference," *American Journal of International Law* (AJIL), American Society of International Law, vol. 93, 1999, pp. 43 et seq.; and Darryl Robinson, "The elements of Crimes against humanity," in Roy S.Lee (ed.), The ICC, *elements of crimes and rules of procedure and evidence* (Transnational Pub, 2001), pp. 57 et seq.

المبحث الأول: شرح قانوني لبعض الجرائم ضدّ الإنسانية المرتكبة في قطاع غزة حسب المادة السابعة من معاهدة روما:

سوف نحاول هنا تفصيل بعض الجرائم ضدّ الإنسانية التي تمّ ارتكابها في قطاع غزة، وشرح الشروط القانونية الواجب توفرها، ويجب التذكير هنا أن اختيار بعض الجرائم دون غيرها مبني على وقائع الحرب، وما أوردته وسائل الإعلام المسموعة كقناة الجزيرة، بالإضافة إلى وسائل الإعلام المكتوبة، وغيرها من التقارير الصادرة عن منظمات حقوق الإنسان العربية والأجنبية.

أ. جريمة القتل العمد كجريمة ضدّ الإنسانية, مادة 1/7/أ:

1. الركن المادي لهذه الجريمة:

القتل جريمة أساسية في كل نظام قانوني وطني، ولهذا لم تأت ِالمادة السابعة بأكثر من إشارة لاسم الجريمة، وجاء تفصيل أكثر لهذه الجريمة في المادة 1/7/أ في أركان الجرائم، عندما حددت الأركان الواجب توفرها لهذه الجريمة كالتالي:

1. أن يقتل المتهم شخصاً أو أكثر.
2. أن يرتكب السلوك كجزء من هجوم واسع النطاق أو منهجي موجه ضدّ سكان مدنيين.
3. أن يعلم مرتكب الجريمة بأن السلوك جزء من هجوم واسع النطاق أو منهجي موجه ضدّ سكان مدنيين أو ينوي أن يكون هذا السلوك جزءاً من ذلك الهجوم.

يجب أن يكون القتل عن طريق الفعل أو الامتناع عن الفعل، ما دام هذا الامتناع سبباً أساسياً في حدوث النتيجة، وهذا واضح من عبارة هامش أركان الجريمة التي تشير إلى أن مصطلح "يقتل" killed يرادف معنى عبارة "يتسبب في موت" Cause death. وتنسحب هذه الحاشية على الأركان التي تستعمل هذين المفهومين، وكما هو واضح من أركان الجريمة السابق ذكرها فإنه يجب لاستيفاء عناصر الركن المادي تحقق النتيجة الجرمية المتمثلة بوفاة المجني عليه.

2. الركن المعنوي لهذه الجريمة:

كما هو واضح من نصّ المادة 1/7، فإنه يجب أن ترتكب هذه الجريمة في إطار هجوم واسع النطاق أو منهجي ضدّ السكان المدنيين، مع علم من الفاعل بهذا الهجوم. وأضافت المادة 30 من معاهدة روما، التي أشرنا إليها سابقاً، شرط القصد.

وقد أتيح لقضاة المحكمة الدولية إيضاح مدلول الركن المعنوي الخاص بالجرائم ضدّ الإنسانية، حيث أكد القضاة في قرارهم الصادر في 2008/9/26 الخاص بتأكيد التهم الموجهة ضدّ جرمان كاتانغا وماثيو نجولو في الفقرة 401 أنه "لكي يكون هناك جريمة ضدّ الإنسانية حسب المادة السابعة في الفقرة الأولى من أركان الجرائم، فإنه يجب أن ترتكب الأفعال المجرمة مع علم الفاعل، وأن يعلم الفاعل أن عمله جزء من أو قصد بأن يكون الفعل المجرم جزءاً من هجوم واسع النطاق أو منهجي موجه ضدّ سكان مدنيين"، وأضاف القضاة أن "هذه المعرفة والعلم بالهجوم لا يجب تفسيرها بكونها تتطلب إثبات علم المتهم لجميع خصائص ذلك الهجوم أو بالتفاصيل الدقيقة للخطة أو السياسة التي تتبعها الدولة أو المنظمة"[2].

وأضاف القضاة في الفقرة 402 من القرار نفسه أن المعرفة أو العلم بالهجوم يمكن استنتاجها من الظروف المحيطة بالأدلة المعروضة أمامهم، وقال القضاة:

> ولهذا السبب فإن رأي المحكمة أن العلم بأن هناك هجوم، ويقين مرتكب الجرم أن سلوكه هو جزء من ذلك الهجوم... فإن ذلك يمكن أن يتمّ استنباطه من الظروف المحيطة بذلك الفعل مثل وظيفة أو موقع الشخص المتهم ورتبته في التسلسل الهرمي العسكري، وقيامه بدور مهم في الحملة العسكرية، ووجوده على مسرح الجريمة، وتصريحاته وأقواله بقوة مجموعته على مجموعة العدو...[3].

أما فيما يتعلق بالوقائع الدالة على هذه الجريمة، فنستطيع إحالة القارئ إلى ما أوردناه سابقاً عند شرحنا لجريمة القتل العمد كجريمة حرب حسب المادة 2/8/أ/1.

---

[2] ICC, Situation in the Democratic Republic of the Congo *in the Case of the Prosecutor v. Germain Katanga and Mathieu Ngudjolo* Chui, Pre-Trial Chamber 1, Decision on the confirmation of charges, 30/9/2008, ICC-01/04-01/07, para. 401, http://www.icc-cpi.int/iccdocs/doc/doc571253.pdf

[3] *Ibid.*

ب. جريمة الإبادة كجريمة ضدّ الإنسانية، مادة 1/7/ب من معاهدة روما:

1. الركن المادي لهذه الجريمة:

نصّت المادة 1/7 على اعتبار الإبادة جريمة ضدّ الإنسانية، وأضافت المادة 2/7/ب من معاهدة روما أن الإبادة "تشمل تعمد فرض أحوال معيشية، من بينها الحرمان من الحصول على الطعام والدواء، بقصد إهلاك جزء من السكان".

أما المادة 1/7/ب من أركان الجرائم فنصّت على أن الأركان التي يجب توفرها لهذه الجريمة:

"1. أن يقتل مرتكب الجريمة شخصاً أو أكثر، بما في ذلك إجبار الضحايا على العيش في ظروف ستؤدي حتماً إلى هلاك جزء من مجموعة من السكان". أما الهامش رقم 9 من أركان الجرائم فنصّ على أنه "يمكن أن يشمل فرض هذه الأحوال الحرمان من إمكانية الحصول على الأغذية والأدوية".

"2. أن يشكل السلوك عملية قتل جماعي لأفراد مجموعة من السكان المدنيين أو أن يكون جزءاً من تلك العملية.

3. أن يرتكب السلوك كجزء من هجوم واسع النطاق أو منهجي موجه ضدّ سكان مدنيين.

4. أن يعلم مرتكب الجريمة بأن السلوك جزء من هجوم واسع النطاق أو منهجي ضدّ سكان مدنيين أو أن ينوي أن يكون هذا السلوك جزءاً من ذلك السلوك".

وكما هو واضح من المادة السابعة وأركانها فإن مفهوم الإبادة ليس مقصوراً على حالات القتل المباشر لجماعة من السكان المدنيين، بل يشمل كذلك فرض أحوال معيشية من شأنها أن تسبب هلاك جزء من جماعة السكان.

ويتضح أيضاً من المادة السابعة أن جريمة الإبادة عن طريق فرض أحوال معيشية من شأنها أن تؤدي إلى هلاك جزء من السكان لا يشترط فيها إثبات وجود نتيجة جرمية، وعليه فإنه سيكون كافياً إثبات أن من شأن الأفعال المرتكبة التسبب الأكيد بالموت بعد فترة من الزمن بدلاً من تحقق الموت السريع للضحايا.

وكما هو واضح من تعريف مفهوم الإبادة فإن ذلك يشمل حالة الحصار الاقتصادي المفروض على قطاع غزة ضدّ السكان المدنيين، والذي سبق أن قلنا إن تجويع المدنيين

كأسلوب من أساليب الحرب بحرمانهم من المواد التي لا غنى عنها لبقائهم، بما في ذلك تعمد عرقلة الإمدادات الإغاثية على النحو المنصوص عليه في اتفاقيات جنيف حسب المادة 2/8/ب/25، يشكل جريمة حرب.

ولهذا نحيلكم إلى ما سبق أن أوردناه من شرح قانوني، وما أوردناه من وقائع مادية دالة على ارتكاب هذه الجريمة من أطراف عدة بما فيها "دولة إسرائيل".

2. الركن المعنوي لهذه الجريمة:

نحيلكم إلى ما سبق قوله بخصوص جريمة القتل العمد.

المبحث الثاني: الشروط القانونية الواجب توفرها للحديث عن جرائم ضدّ الإنسانية:

حسب نصّ المادة 1/7 فإن الجرائم ضدّ الإنسانية يجب أن ترتكب "في إطار هجوم واسع النطاق أو منهجي موجه ضدّ أية مجموعة من السكان المدنيين وعن علم بالهجوم".

أما الأركان التي يجب توافرها فتتلخص بالآتي:

أ. الهجوم واسع النطاق أو المنهجي:

حسب المادة 1/7 فإنه يشترط في الأفعال المكونة للجرائم ضدّ الإنسانية أن ترتكب في إطار هجوم واسع النطاق أو منهجي، وهذا يعني أن الجرائم ضدّ الإنسانية يجب أن تقع بشكل منتظم أو على نطاق واسع، وارتكاب الفعل بشكل منهجي أو على نطاق واسع يعني أنه ارتكب بموجب خطة أو سياسة عامة معتمدة، وهذا ما أوضحته المادة 2/7 عندما نصّت على أن الهجوم يكون نهجاً سلوكياً عندما يُرتكب "عملاً بسياسة دولة أو منظمة تقضي بارتكاب هذا الهجوم أو تعزيزاً لهذه السياسة".

وكما نلاحظ من خلال هذا التعريف فالمادة السابعة جاءت خالية من شرط الارتباط بين الجرائم ضدّ الإنسانية والنزاع المسلح، على عكس جرائم الحرب، وهذا يعني أن الجرائم ضدّ الإنسانية يمكن أن تقع في زمن السلم أو الحرب، وهذا ما أكدته المادة 3/7 من أركان الجرائم عندما نصّت على أن الهجوم لا يشترط أن يكون عملاً

عسكرياً. فقد يكون الفعل مجرماً بالرغم من أن طبيعته ليس فيها أي استخدام للقوة، وهذا ما أكده قضاة محكمة الجزاء الدولية ليوغوسلافيا السابقة بقولهم:

"من الممكن أن يكون الهجوم غير عنفي في طبيعته مثل فرض نظام التطهير العنصري"[4].

كما أكد قضاة محكمة الجزاء الدولية ليوغوسلافيا السابقة أن فكرة الهجوم تتضمن سوء معاملة المدنيين[5]، وعلى الرغم من النصّ على أن الهجوم يجب أن يكون واسع النطاق أو منهجي، لكن عملياً يصعب وجود أحدهما بدون الآخر. وهذا ما أكده قضاة محكمة الجزاء الدولية ليوغوسلافيا السابقة بقولهم:

"من الناحية العملية فإن هذين المعيارين سوف يكون من الصعب الفصل بينهما، على اعتبار أن الهجوم الشامل واستهداف مجموعة كبيرة من الضحايا يعتمد على شكل من أشكال التخطيط والتنظيم"[6].

ب. الفعل المجرم موجه ضدّ أية مجموعة من السكان المدنيين:

ورد تعريف الهجوم الموجه ضدّ أية مجموعة من السكان المدنيين في المادة 2/2/7أ، وبموجب هذه الفقرة تعني "عبارة هجوم موجه ضدّ أية مجموعة من السكان المدنيين نهجاً سلوكياً يتضمن الارتكاب المتكرر للأفعال المشار إليها في الفقرة الأولى ضدّ أية مجموعة من السكان المدنيين، عملاً بسياسة دولة أو منظمة تقضي بارتكاب هذا الهجوم أو تعزيزاً لهذه السياسة".

إذا كانت الجرائم ضدّ الإنسانية يجب أن تكون موجهة ضدّ سكان مدنيين وليس ضدّ فرد معين، فهذا لا يعني أن جميع السكان المدنيين في بقعة جغرافية معينة يجب أن يكونوا محلاً للهجوم. لكن هذا الشرط يريد التأكيد على الصفة الجماعية للهجوم ضدّ السكان المدنيين كجماعة، وهذا يعني أن الأفعال المجرمة والموجهة ضدّ أفراد معينين أو أفعال منعزلة لا يتضمنها تعريف الجرائم ضدّ الإنسانية[7].

---

[4] International Criminal Tribunal for Rwanda (ICTR), *Prosecutor v. Akayesu*, Trial Chamber, Judement of 2/9/1998, para. 581.

[5] ICTY, *Prosecutor v. Kunarc et al*, Trial Chamber, Judgement of 12/6/2002, para. 86; and ICTY, *Prosecutor* v. Stakic, Trial Chamber, Judgement of 31/7/2003, para. 623.

[6] ICTY, Prosecutor v. Blaskic, Trial Chamber, Judgement of 3/3/2000, para. 207.

[7] Gerhard Werle, *Principles of International Criminal Law* (Cambridge: Cambridge University Press, 2005), p. 221.

وكما أوضحنا سابقاً عند حديثنا عن جرائم الحرب فإن المدني حسب تعريف القانون الدولي الإنساني هو أي شخص لا يشارك في الأعمال العدائية، وهذا ما أكده قضاة محكمة الجزاء الدولية ليوغوسلافيا السابقة بقولهم:

"الأشخاص المدنيين هم على خلاف الأشخاص الذين هم جزء من القوات المسلحة والمحاربين الشرعيين الآخرين"[8].

ويجب ملاحظة هنا أن ما هو مهم ليس الصفة الشكلية للفرد إذا ما كان فرداً من أفراد الجيش، وإنما دور هذا الفرد لحظة ارتكاب الجريمة. وهذا ما أكده قضاة محكمة الجزاء الدولية ليوغوسلافيا السابقة عندما قالوا:

"حالة الضحية وقت ارتكاب الجرائم، بخلاف وضعه القانوني، يجب أخذها في عين الاعتبار لتحديد ما إذا كان مدنياً أم لا"[9].

وأكد بعض فقهاء القانون الدولي الجنائي على الفكرة نفسها بقولهم:

"إن التفرقة الشكلية المبنية على ما إذا كان الضحية عضو في القوات المسلحة لم تعد كافية لتحديد ما إذا كان فعل مجرَّم ضدّ ضحية معينة يمكن اعتباره جريمة حرب أو جريمة ضدّ الإنسانية، لذلك فإنه يجب تبني فكرة مرنة أخرى لتحديد من هو المدني"[10].

وهذا يعني أن الجنود الذين يلقون أسلحتهم ولم يعودوا يشاركون في الأعمال العدائية، وأيضاً سجناء الحرب، يصبحون مدنيين محميين بموجب المادة الثالثة لاتفاقية جنيف، وهذا ما أكده قضاة محكمة الجزاء الدولية ليوغوسلافيا السابقة عندما قالوا:

> الجرائم ضدّ الإنسانية لا تعني فقط الأفعال المرتكبة ضدّ المدنيين بتعريفه الدقيق، وإنما تشمل أيضاً الجرائم المرتكبة ضدّ فئتين من الناس: الأشخاص الذين هم أعضاء في حركة مقاومة والمحاربين السابقين، بغض النظر إذا ما

[8] ICTY, *Prosecutor v. Kunarac* et al, Trial Chamber, Judgement of 22/2/2001, para. 425.

[9] ICTY, Prosecutor v. Blaskic, Trial Chamber, Judgement of 3/3/2000, para. 214.

[10] Gabrielle Kirk McDonald and Olivia Swaak-Goldman (eds)., *Substantive and procedural aspects of International criminal Law: the experience of International and national courts,* vol. 1 (Kluwer Law International, 2000), pp. 141-154.

كانوا يرتدون زياً عسكرياً أم لا، وأيضاً الذين لم يعودوا يشاركون في العمليات العدائية عند ارتكاب الجرائم لأنهم إما تركوا الجيش أو لم يعودوا يحملون السلاح أو أنهم قد تمّ وضعهم خارج نطاق المنطقة الحربية بسبب إصابتهم أو احتجازهم[11].

ج. مرتكب الجريمة يجب أن يكون على علم بالهجوم:

تتطلب العبارة الأخيرة من صدر الفقرة الأولى من المادة السابعة أن يكون المتهم على علم بالهجوم الذي يشكل جريمة ضدّ الإنسانية، وهذا يعني أن المتهم يجب أن تتوفر عنده النية الجرمية لارتكاب الجريمة.

ولم تحدد المادة السابعة أو مقدمة أركان الجرائم ضدّ الإنسانية المضمون الدقيق للعلم بالهجوم، إلا أن محكمة الجزاء الدولية ليوغوسلافيا السابقة قد حددت في قضية تاديش ثلاثة شروط:

- أن يعلم الشخص بوجود الهجوم.
- أن يعلم الشخص أن عمله يتمّ في سياق هذا الهجوم.
- أن لا يقوم الشخص بفعله الجرمي لأسباب شخصية محضة غير مرتبطة بالنزاع المسلح[12].

ينطبق اشتراط العلم بالهجوم على المستويات المختلفة المسهمة في ارتكاب الجرائم ضدّ الإنسانية، فقد يبدأ الهجوم من قبل المنفذين في المستويات الأدنى، وسيكون من المهم في هذه الحالة إثبات علم المسؤولين الأعلى في الدولة أو المنظمة بالهجوم، وامتناعهم عن اتخاذ الإجراءات الضرورية حياله.

وقد يبدأ الهجوم بأمر من المسؤولين الأعلى وفي إطار سياسة وخطة عامة للدولة أو المنظمة، وعندها سيكون من المهم إثبات علم المنفذين بالهجوم واسع النطاق أو المنهجي الذي يتمّ تبعاً للسياسة، والذي تتم أفعالهم في إطاره.

---

11 ICTY, *Prosecutor v. Blastic*, Trial Chamber, Judgement of 3/3/2000, para. 214; and ICTY, *Prosecutor v. Tadic*, Trial Chamber, Judgement of 7/5/1997, para. 643; and ICTY, *Prosecutor v. Jelisic*, Trial Chamber, Judgement of 14/12/1999, para. 54.

12 ICTY, Prosecutor v. Tadic, Trial Chamber, Judgement of 7/5/1997.

ويجب ملاحظة ما سبق أن أوضحناه، بأنه لا يشترط في المنفذين علمهم بتفاصيل المخطط أو السياسة العامة طالما أنهم يعرفون أنهم جزء من هذا المخطط، وهذا ما أشارت إليه المادة 2/7 من مقدمة أركان الجرائم ضدّ الإنسانية، حيث نصّت على:

... وتوضِّح هذه العناصر ما يشترط من مشاركة وعلم بهجوم واسع النطاق ومنهجي ضدّ السكان المدنيين، إلا أنه لا ينبغي تفسير العنصر الأخير بكونه يتطلب إثبات علم المتهم بجميع خصائص ذلك الهجوم أو بالتفاصيل الدقيقة للخطة أو السياسة التي تتبعها الدولة أو المنظمة، ففي حالة ظهور الهجوم الواسع النطاق والمنهجي ضدّ السكان المدنيين يشير شرط القصد في العنصر الأخير إلى استيفاء هذا العنصر المعنوي إذا نوى مرتكب الجريمة مواصلة هذا الهجوم.

د. عنصر السياسة:

ينطوي مفهوم سياسة الدولة على تورط مستوى سياسي رفيع في الدولة في ارتكاب الجرائم ضدّ الإنسانية، وهذه هي الطريقة الطبيعية التي ترتكب فيها الجرائم ضدّ الإنسانية، نظراً لأن طبيعتها الخاصة واتساع نطاق منهجيتها يتطلب استخدام مؤسسات الدولة.

وأوضحت المادة 3/7 من مقدمة أركان الجرائم "يفهم "الهجوم المباشر ضدّ السكان المدنيين" في سياق هذا العنصر بأنه يعني سلوكاً يتضمن ارتكاباً متعدداً للأفعال المشار إليها في الفقرة الأولى من المادة السابعة من النظام الأساسي ضدّ أي سكان مدنيين تأييداً لدولة أو سياسة تنظيمية بارتكاب هذا الهجوم...".

وهذا ما أكده قضاة محكمة الجزاء الدولية ليوغوسلافيا السابقة عندما قالوا:

"يجب أن يكون هناك نوع من الخطة أو السياسة المسبقة"[13].

وأكدوا ذلك في قضية أخرى بقولهم:

"... خطة منهجية وأفعال متعددة الحدوث في أكثر من مكان وبالأسلوب والطريقة نفسهما"[14].

---

[13] ICTR, *Prosecutor v. Akayesu*, Trial Chamber, Judement of 2/9/1998, para. 580.

[14] ICTY, *Prosecutor v. Tadic*, Trial Chamber, Judgement of 7/5/1997, para. 648.

ويجب إدراك مفهوم عبارة أن الهجوم تمّ بناء على سياسة بالمعنى الواسع لكلمة "سياسة" ليعني أنه تمّ بتخطيطٍ معين وليس بطريقة عفوية أو بطريقة منعزلة [15].

وهذا ما أكده قضاة محكمة الجزاء الدولية ليوغوسلافيا السابقة عندما قالوا:

"هذه الخطة أو السياسة ليس شرطاً أن تكون شكلية أو مكتوبة، وإنما يمكن استنتاجها من طريقة ارتكاب الأفعال على نطاق واسع أو بطريقة منهجية، فإن كل ذلك يوضح أن هناك خطة لارتكاب هذه الأفعال سواء كانت هذه الخطة مكتوبة أم لا" [16].

ويجب التأكيد أن عنصر السياسة لا يشترط أن يكون واضحاً ومحدداً أو أن تكون سياسة الهجوم قد تمّ إقرارها في أعلى المستويات. حيث إن إثبات عنصر السياسة يمكن استنتاجه من خلال الظروف المحيطة بالهجوم. ومما يسهل إثباته هو تصريحات لأشخاص سياسيين أو إداريين [17].

ويجب ملاحظة أن سياسة الهجوم يجب أن تصدر عن شخصية معنوية واضحة مثل الدولة، أو أي منظمة.

ومفهوم الدولة واضح عندما تسيطر هذه الأخيرة على أراضيها أو تسيطر على أراضٍ بطريقة واقعية وتتخذ إجراءات حكومية هناك. أما مفهوم منظمة فيشمل وجود أشخاص يسيطرون على أراضٍ معينة أو يجوبون بحرية مطلقة في هذه الأراضي. وهذا ما أكده قضاة محكمة الجزاء الدولية ليوغوسلافيا السابقة عندما قالوا:

"إن القانون المتعلق بالجرائم ضدّ الإنسانية قد تطور ليأخذ في عين الاعتبار القوات التي تسيطر فعلياً على الأرض أو تتحرك بحرية في داخل أراضٍ ما حتى ولو لم تكن هذه القوات جزءاً من الحكومة الشرعية وحتى لو لم يتمّ الاعتراف بها" [18].

---

[15] Darryl Robinson, "Defining Crimes against humanity at the Rome Conference," *American Journal of International Law. Society of International Law,* vol. 93, 1999, p. 43 at page 51.

[16] ICTY, *Prosecutor v. Tadic,* Trial Chamber, Judgement of 7/5/1997, para. 653.

[17] ICTY, *Prosecutor v. Blaskic,* Trial Chamber, Judgment of 3/3/2000, para. 204 et seq.

[18] ICTY, *Prosecutor v. Tadic,* Trial Chamber, Judgement of 7/5/1997, para. 654; and ICTY, *Prosecutor v. Kupreskic et al,* Trial Chamber, Judgement of 14/1/2000, para. 552; and ICTY, *Prosecutor v Blaskic,* Trial Chamber, Judgment of 3/3/2000, para. 205.

وتجدر الإشارة هنا إلى أن أية مجموعة من الأشخاص يمكن اعتبارهم منظمة، وهذا يعني أن عنصر السيطرة على أراضٍ معينة غير ضروري، ما دام هؤلاء الأشخاص لهم عناصرهم البشرية والمادية، ولهم القدرة على ارتكاب جرائم واسعة النطاق أو منهجية ضدّ السكان المدنيين[19].

سياسة الدولة أو المنظمة ودورهما في ارتكاب الجرائم قد يكون دوراً رئيسياً، أو أن يقوموا على الأقل بدور إيجابي في تشجيع ارتكاب الجريمة أو التسامح في ارتكابها، وهذا ما أشارت إليه المادة 3/7 من مقدمة أركان الجرائم حيث نصّت:

> يفهم "الهجوم المباشر ضدّ السكان المدنيين" في سياق هذا العنصر بأنه يعني سلوكاً يتضمن ارتكاباً متعدداً للأفعال المشار إليها في الفقرة الأولى من المادة السابعة من النظام الأساسي ضدّ أي سكان مدنيين تأييداً لدولة أو سياسة تنظيمية بارتكاب هذا الهجوم. ولا توجد ضرورة لأن تشكل الأفعال عملاً عسكرياً. ومن المفهوم أن "السياسة الرامية إلى القيام بهذا الهجوم" تستدعي أن تقوم الدولة أو المنظمة بتعزيز أو تشجيع فعلي للهجوم ضدّ السكان المدنيين.

وقد تمّ إضافة الهامش رقم 6 للمادة نفسها حيث تمّ النصّ على "أن السياسة التي تستهدف سكاناً مدنيين بالهجوم تنفذها دولة أو منظمة، ويمكن تنفيذ هذه السياسة في ظروف استثنائية بتعمد عدم القيام بعمل يقصد منه عن وعي تشجيع القيام بهذا الهجوم".

ويعدّ توسيع مفهوم الجرائم ضدّ الإنسانية ليشمل الهجوم الذي يتمّ تبعاً لسياسة غير سياسة الدولة تطوراً مهماً، حيث يسمح بمحاكمة المسؤولين عن الفظائع التي ترتكب في الحروب الأهلية، والتي قد يكون من الصعب فيها إثبات تورط الدولة.

إن ما أوردناه من شرح لمفهوم الجرائم ضدّ الإنسانية وأركانها ينطبق على ما جرى في قطاع غزة خلال الحرب، حيث إن وصف الجرائم ضدّ الإنسانية المشار إليه في المادة السابعة من ميثاق روما ينطبق على ممارسات قوات الاحتلال إبان الحرب على غزة، ولعل ما يؤكد ذلك ما سبق أن شرحناه مفصلاً عند حديثنا عن جرائم الحرب، ونستطيع هنا الإشارة سريعاً إلى عدة نقاط:

---

[19] Gerhard Werle, *Principles of International Criminal Law*, p. 228.

1. إن جرائم القصف والاعتداء على الفلسطينيين وممتلكاتهم ومساجدهم ومصانعهم وبيوتهم هي جرائم ارتكبت في إطار هجوم واسع النطاق شارك فيه جنود الاحتلال بمدرعاتهم وطائراتهم، وكان هجوماً منهجياً مخططاً له منذ فترة من الزمن، وهذا الهجوم على قطاع غزة كان موجهاً ضدّ السكان المدنيين بدليل حجم الخسائر التي ألحقت بهم قياساً بأفراد المقاومة.
2. إن تكرار استهداف المدنيين واستشهاد أكثر من 1,400 فلسطيني أغلبيتهم من الأطفال والنساء والشيوخ، وتدمير أحياء بكاملها يدلّل على نهج وسياسة قصدية لدى "دولة إسرائيل" تسعى لاستهداف وقتل المدنيين، وهذا ما أكدته الناشطة السياسية الإسرائيلية شولاميت ألوني في مقال نشرته إحدى الصحف الإسرائيلية عندما قالت "إن الجيش الإسرائيلي حصل مؤخراً (إبان الحرب) على الإذن بقتل المدنيين الذين يكونون بالقرب من شخص مطلوب"، وأضافت ألوني أن وزير الدفاع الإسرائيلي إيهود باراك قال "إن هذا أوان الحرب، حيث شرع الجيش في اللجوء إلى الكثير من القوة والمعرفة والتخطيط المسبق، من أجل بثّ الخوف والفزع بين المدنيين والقادة في غزة"[20].
3. نستطيع أيضاً التذكير بزيارة وزيرة الخارجية الإسرائيلية تسيبي ليفني Tzipi Livni إلى مصر قبل الهجوم على غزة، وتصريحاتها عقب لقاء وزير الخارجية المصري أحمد أبو الغيط والرئيس المصري حسني مبارك، حيث قالت "إن الوضع في غزة أصبح عائقاً أمام إقامة الدولة الفلسطينية، وإن حماس قررت استهداف إسرائيل وهذا شيء يجب أن يتوقف، وهذا ما سنقوم به"[21].

---

[20] سياسة إسرائيلية: الجيش حصل على إذن بقتل المدنيين، الجزيرة.نت، 2009/1/8.

[21] موقع العرب أونلاين، 2008/12/25، انظر:
http://www.alarabonline.org/index.asp?fname=%5C2008%5C12%5C12-25%5C999.htm&dismode=x&ts=25/12/2008%20 05:46:09%20%D9%85

الفصل الثالث

طرق ملاحقة مجرمي الحرب الإسرائيليين

طرق ملاحقة مجرمي الحرب الإسرائيليين

سوف نحاول في المبحث الأول التطرق إلى المحكمة الجنائية الدولية كوسيلة استراتيجية يجب على كل مناصر للقضية الفلسطينية اللجوء إليها، ومن ثم سيتم التطرق في المبحث الثاني إلى وسيلة استخدام مبدأ الاختصاص العالمي كوسيلة تكتيكية من أجل إزعاج وإحراج كل إسرائيلي متورط في ارتكاب جرائم من التنقل بحرية.

المبحث الأول: المحكمة الجنائية الدولية:

إن إنشاء محكمة جنائية دولية كان مدار حديث منذ خمسينيات القرن الماضي، ولم تنجح هذه الفكرة إلا بعد إقرارها في روما (إيطاليا) سنة 1998. وعُرِف هذا الإقرار بمعاهدة روما للمحكمة الجنائية الدولية. لم يكن من اليسير التوصل إلى إقرار النظام الأساسي للمحكمة، لا سيّما أن بعض الدول الكبرى مثل الولايات المتحدة كانت تعارض قيامها بحجة الحرص على سيادتها واستقلال قرارتها[1].

يُعدّ النظام الأساسي للمحكمة معاهدة دولية، ويترتب على هذه الطبيعة التعاهدية للنظام الأساسي أنه لا يُلزِم إلا الدول التي صادقت عليه، وهذا خلاف التوقيع الذي لا يلزم الدولة إلا معنوياً، وهناك ما يقارب 105 دول صادقت على معاهدة روما حتى الآن[2].

أ. اختصاص المحكمة الجنائية الدولية:

تمارس المحكمة وفقاً للمادة 11 اختصاصها الزمني فيما يتعلق بالجرائم التي يتمّ ارتكابها بعد دخولها حيز التنفيذ في 1/7/2002.

أما بالنسبة للاختصاص الشخصي فالمحكمة تمارس اختصاصها تجاه الأشخاص الذين يرتكبون جرائم بعد دخول النظام الأساسي حيز التنفيذ حسب المادة 24، وبالتالي لا يمكن محاكمة أي شخص عن جرائم ارتكبها قبل ذلك.

---

[1] المحكمة الجنائية الدولية، تحدي الحصانة، ندوة تحت رعاية الدكتور حسان ريشة، 3-2001/11/4.

[2] انظر نصّ معاهدة روما باللغة العربية، في: http://www.icc-cpi.int/about/Official_Journal.html

إن ممارسة المحكمة لاختصاصها تتمّ حسب المواد 13-15 من نظام روما الأساسي، إمّا بإحالة القضية إلى المدعي العام من دولة مصدقة على النظام الأساسي، أو بإحالة القضية إلى المدعي العام من مجلس الأمن تطبيقاً للفصل السابع من ميثاق الأمم المتحدة، أو إذا فتح المدعي العام تحقيقاً من تلقاء نفسه بخصوص معلومات خاصة بالجرائم التي تدخل في اختصاص المحكمة لدولة مصدقة على النظام الأساسي.

أما فيما يتعلق بالاختصاص الموضوعي وهو محور حديثنا، فإن اختصاص المحكمة يشمل الجرائم الآتية المنصوص عليها في المواد 5-8 من نظام روما الأساسي:

- **جريمة الإبادة**[3]: إن تعريف جريمة الإبادة في المادة السادسة من نظام روما هو نفسه الذي ورد في معاهدة منع وقمع جريمة الإبادة الجماعية التي أقرتها الجمعية العامة للأمم المتحدة General Assembly of the United Nations سنة 1948، والتي أخذت مكاناً مهماً في القانون الدولي؛ إذ اعتبرت محكمة العدل الدولية المبادئ التي قامت عليها مبادئ عرفية[4]. وتمّ التأكيد على هذه القيمة العرفية من خلال القرارات القضائية

[3] See George A. Finch, "The Genocide Convention," *in American Journal of International Law* (AJIL), *American Society of International Law*, vol. 43, no. 4, October 1949, p. 732; Thomas W. Simon, "Defining Genocide," *Wisconsin International Law Journal*, vol. 15, 1996, p. 243; Joe Verhoeven, "Le crime de génocide: originalité et ambigüité," *Revue Belge de Droit International* (RBDI), vol. 22, 1991, p. 5; I.C.J., *case concerning Application of the Convention on the Prevention and Punishment of the Crime of Genocide* (*Bosnia and Herzegovina v. Serbia and Montenegro*), Request for the Indication of provisional measures, 8/4/1993, I.C.J. Report 16; ICTR, Prosecutor v. Kambanda, case no. ICTR 97-23-S; Beth Van Schaack, "The Crime of Political Genocide: Repairing the Genocide Convention's Blind Spot," The Yale Law Journal, vol. 106, 1997, p. 2259; ICTR, *Akayesu v. Prosecutor*, *case no.* ICTR 96-4-T; Lyman Brum (L.), "Beyond the 1948 Convention-Emerging Principles of Genocide in Customary International Law," Maryland Journal of International Law and Trade, vol. 17, 1993; William A. Schabas, Genocide in International Law: The Crimes of Crimes (Cambridge University Press, 2000); Payam Akhavan, "Enforcement of the Genocide Contention A challenge to civilization," *Harvard Human Rights Journal*, vol. 8, 1995, p. 229; Otto Triffterer (ed.), *Commentary on the Rome Statute of the International Criminal Court: Observers' Notes, Article by Article* (Baden-Baden: Nomos, 1999), pp. 107-116; Adam Jones (ed.), Gendercide and Genocide (Vanderbilt University Press, 2004), pp. 1-38; Graham C. Kinloch and Raj P. Mohan (eds.), *Genocide: Approaches, Case Studies and Responses* (New York: Algora Publishing, 2005), pp. XII-323; and Payam Akhavan, "The Crime of Genocide in the ICTR Jurisprudence," *Journal of International Criminal Justice*, Oxford University Press, 2005, pp. 989-1006.

[4] C.I.J., Avis Consultatif, Recueil 1951, p. 23.

الصادرة عن محكمة الجزاء الدولية ليوغوسلافيا السابقة[5]، وفي المحكمة الجنائية الدولية لرواندا International Criminal Tribunal for Rwanda (ICTR)[6].

- **الجرائم ضدّ الإنسانية**[7]: تُعدّد المادة السابعة من نظام روما كثيراً من الأفعال التي تعتبرها جرائم ضدّ الإنسانية، منها على سبيل المثال: القتل العمد، والاسترقاق، والتعذيب، والاستعباد، وغيرها، متى وقعت هذه الأفعال في إطار هجوم واسع النطاق أو منهجي موجّه ضدّ أي مجموعة من السكان المدنيين.

إن ما أوردناه سابقاً من جرائم ارتكبت في غزة يوضح بشكل دقيق أنها حسب القانون الجنائي الدولي المعاصر جريمة ضدّ الإنسانية تستدعي تحريك المسؤولية الجنائية ضدّ مرتكبيها.

ويمكن أن تقع الجرائم ضدّ الإنسانية في زمن الحرب أو السلم، ولا يُشترط النزاع المسلح لوقوعها. بالإضافة إلى ذلك فإن الجرائم ضدّ الإنسانية يجب أن تقع في إطار منظم أو على نطاق واسع، وارتكاب الفعل بشكل منتظم يعني ارتكابه بموجب خطّة أو سياسة عامة متعمّدة وليس عرضاً أو عشوائياً[8].

- **جرائم الحرب**[9]: تنصّ المادة 8/2 من نظام روما الأساسي للمحكمة الجنائية الدولية على الآتي: "... تعني "جرائم الحرب":

---

5 ICTY, Blaskic, IT-as-14-AR, 29/10/1997.

6 ICTR, judgments dealing with the crime of genocide, eg. Gacumhitsi, case no. ICTR 2001-64-T, 7/6/2004, kibuye, case no. ICTR-96-10-T, 19/2/2003, Niytigeka, case no. ICTR-96-14-T, 15/5/2003.

7 Elisabeth Zoller, "La définition des crimes contre l'humanité," *Journal du Droit International,* vol. 120, 1993, p. 549; Georges Levasseur, "Les crimes contre l'humanité et le problème de leur prescription," *Journal du Droit International*, vol. 93, 1966, p. 259; and Joseph Rikhof, "Crimes against humanity, customary international law and the International Tribunals for Bosnia and Rwanda," National Journal of Constitutional Law, vol. 6, 1995, p. 231.

8 Machtheld Boot, Rodney Dixon and Christopher K. Hall, "Crimes against humanity," in Otto Triffterer (ed.), *Commentary on the Rome Statute of the International Criminal Court:Observers' Notes, Article by Article* (Baden-Baden: Nomos, 1999), pp. 117-172.

9 M. Cottier et al, "War Crimes," in Otto Triffterer (ed.), Commentary on the Rome Statute 54 of the International Criminal Court: Observers' Notes, Article by Article (Baden-Baden: Nomos, 1999), pp. 173-288; Gerry Simpson (ed.), War Crimes Law (Dartmouth: Ashgate, 2004), pp. XXXIII; David Chuter, War Crimes: Confronting Atrocity in the Modern World (Boulder: Lynne Rienner Publishers Inc, 2003); Dominic McGoldrick, "War crimes trials before international tribunals: legality and legitimacy," in R.A. Melikan (ed.), *Domestic and International Trials* 1700-2000 (Manchester: Manchester University Press, 2003); and Grant Niemann, "War Crimes, Crimes Against Humanity, and Genocide in International Criminal Law," in Philip Reichel, *Handbook of Transnational Crime and Justice* (Thousand Oaks, California: SAGE Publications, 2005), pp. 204-229.

أ) الانتهاكات الجسيمة لاتفاقيات جنيف المؤرخة بـ 12/8/1949، أي فعل من الأفعال التالية ضدّ الأشخاص أو الممتلكات الذين تحميهم أحكام اتفاقية جنيف ذات الصلة....

ب) الانتهاكات الخطيرة الأخرى للقوانين، والأعراف السارية على المنازعات الدولية المسلحة في النطاق الثابت للقانون الدولي؛ أيّ فعل من الأفعال التالية...".

إن ما أوردناه سابقاً من جرائم ارتكبت في غزة يوضح بشكل دقيق أنها حسب القانون الجنائي الدولي المعاصر جريمة حرب تستدعي تحريك المسؤولية الجنائية ضدّ مرتكبيها[10].

ب. أساس المسؤولية الجنائية في نظام روما:

أقرّ النظام الأساسي للمحكمة الجنائية الدولية مبدأ المسؤولية الجنائية الفردية لضمان تحقيق العدالة الدولية ومنع إفلات مرتكبي الجرائم الدولية من العقاب. وقد جاء النظام الأساسي للمحكمة الجنائية الدولية منسجماً مع نظام المسؤولية الفردية الذي سبق أن أقرته محاكم نورمبرج، وطوكيو، ويوغوسلافيا، ورواندا، وسيراليون، والتي لم تعتدّ بأيّ صفة للجاني أو بأيّ نوع من الحصانة. فالشخص الذي يرتكب الجريمة الدولية يتحمل المسؤولية الجنائية بمفرده عن فعله الإجرامي سواءً كان فرداً عادياً، أو جندياً في القوات المسلحة، أو قائداً عسكرياً، أو مسؤولاً مدنياً، أو وزيراً، أو رئيس دولة.

نصّ النظام الأساسي للمحكمة الجنائية الدولية، المادة 25/1، على اقتصار اختصاصها على الأشخاص الطبيعيين دون سواهم، فليس للمحكمة أي اختصاص فيما يتعلق بالدول أو الشخصيات الاعتبارية. ونصّت الفقرة الثانية من المادة نفسها على اعتبار الشخص الذي يرتكب جريمة تدخل في اختصاص المحكمة مسؤولاً عنها بصفته الفردية، وعرضة للعقاب وفقاً للنظام الأساسي، وحسب نصّ الفقرة الثالثة من المادة نفسها فليس المسؤول فقط مرتكب الفعل المادي المكوّن

[10] Otto Triffterer (ed.), *op. cit.*, p. 209.

للجريمة، وإنما يكون عرضة للعقاب كلّ من يسهم بأي شكل من الأشكال في ارتكاب الجريمة[11].

لم يكتف النظام الأساسي بإقرار المسؤولية الفردية، وإنما أقرّ مسؤولية القادة، والرؤساء عن الجرائم التي تُرتكب من قبل الأشخاص التابعين، سواء كانوا جنوداً أو موظفين، فالصفة الرسمية لا تحول دون تطبيق مبدأ المسؤولية الجنائية لمرتكبي الجرائم، وقد نصّت المادة 27 على عدم الاعتداد بالصفة الرسمية سواء كانت رئاسة الدولة أو الحكومة أو عضوية الحكومة أو البرلمان... ولا تحول الحصانات دون ممارسة المحكمة اختصاصها على أي شخص[12].

---

[11] المادة 25: المسؤولية الجنائية الفردية:

1. يكون للمحكمة اختصاص على الأشخاص الطبيعيين عملاً بهذا النظام الأساسي.
2. الشخص الذي يرتكب جريمة تدخل في اختصاص المحكمة يكون مسؤولاً عنها بصفته الفردية وعرضة للعقاب وفقاً لهذا النظام الأساسي.
3. وفقاً لهذا النظام الأساسي، يسأل الشخص جنائياً ويكون عرضة للعقاب عن أية جريمة تدخل في اختصاص المحكمة في حال قيام هذا الشخص بما يلي:

أ. ارتكاب هذه الجريمة سواء بصفته الفردية أو بالاشتراك مع آخر أو عن طريق شخص آخر، بغض النظر عما إذا كان ذلك الآخر مسؤولاً جنائياً.

ب. الأمر أو الإغراء بارتكاب، أو الحثّ على ارتكاب جريمة وقعت بالفعل أو شرع فيها.

ج. تقديم العون أو التحريض أو المساعدة بأي شكل آخر لغرض تيسير ارتكاب هذه الجريمة أو الشروع في ارتكابها، بما في ذلك توفير وسائل ارتكابها.

د. المساهمة بأية طريقة أخرى في قيام جماعة من الأشخاص، يعملون بقصد مشترك، بارتكاب هذه الجريمة أو الشروع في ارتكابها، على أن تكون هذه المساهمة متعمدة وأن تقدم:

1. إما بهدف تعزيز النشاط الإجرامي أو الغرض الإجرامي للجماعة، إذا كان هذا النشاط أو الغرض منطوياً على ارتكاب جريمة تدخل في اختصاص المحكمة.
2. أو مع العلم بنية ارتكاب الجريمة لدى هذه الجماعة.

هـ. فيما يتعلق بجريمة الإبادة الجماعية، التحريض المباشر والعلني على ارتكاب جريمة الإبادة الجماعية.

و. الشروع في ارتكاب الجريمة عن طريق اتخاذ إجراء يبدأ به تنفيذ الجريمة بخطوة ملموسة، ولكن لم تقع الجريمة لظروف غير ذات صلة بنوايا الشخص، ومع ذلك، فالشخص الذي يكف عن بذل أي جهد لارتكاب الجريمة أو يحول بوسيلة أخرى دون إتمام الجريمة لا يكون عرضة للعقاب بموجب هذا النظام الأساسي على الشروع في ارتكاب الجريمة إذا هو تخلى تماماً وبمحض إرادته عن الغرض الإجرامي.

4. لا يؤثر أي حكم في هذا النظام الأساسي يتعلق بالمسؤولية الجنائية الفردية في مسؤولية الدول بموجب القانون الدولي.

[12] المادة 27: عدم الاعتداد بالصفة الرسمية:

1. يطبق هذا النظام الأساسي على جميع الأشخاص بصورة متساوية دون أي تمييز بسبب الصفة الرسمية، وبوجه خاص فإن الصفة الرسمية للشخص، سواء كان رئيساً لدولة أو حكومة أو عضواً في حكومة أو برلمان أو ممثلاً منتخباً أو موظفاً حكومياً، لا تعفيه بأي حال من الأحوال من المسؤولية الجنائية بموجب هذا النظام الأساسي، كما أنها لا تشكل في حدّ ذاتها، سبباً لتخفيف العقوبة.
2. لا تحول الحصانات أو القواعد الإجرائية الخاصة التي قد ترتبط بالصفة الرسمية للشخص سواء كانت في إطار القانون الوطني أو الدولي، دون ممارسة المحكمة اختصاصها على هذا الشخص.

وقد جاء نصّ المادة 28 من النظام الأساسي صريحاً في إقرار مسؤولية القادة والرؤساء عن الجرائم التي تدخل في اختصاص المحكمة، فيكون القائد العسكري مسؤولاً مسؤولية جنائية عن الجرائم التي تدخل في اختصاص المحكمة، والمرتكبة من جانب قوات تخضع لإمرته وسيطرته الفعليتين إذا كان هذا الشخص قد علم، أو يفترض أن يكون قد علم، بسبب الظروف السائدة في ذلك الحين، بأن القوات ترتكب أو هي على وشك ارتكاب هذه الجرائم حسب نصّ المادة 28/1/أ[13].

ويُسأل الرئيس جنائياً عن الجرائم التي تدخل في اختصاص المحكمة، والمرتكبة من جانب مرؤوسين يخضعون لسلطته وسيطرته الفعليتين، إذا كان الرئيس قد علم أو تجاهل عن وعي أية معلومات تبين بوضوح أن مرؤوسيه يرتكبون أو على وشك أن يرتكبوا هذه الجرائم حسب نصّ المادة 28/1/ب.

ج. تحريك المسؤولية الدولية لـ"إسرائيل":

لتحريك المسؤولية الدولية يجب ثبوت انتهاك قواعد القانون الدولي بارتكاب فعل غير مشروع يترتب عليه وقوع ضرر لدولة أو لرعاياها، ولا فرق عند تحريك المسؤولية الدولية بين مرتكبي الجرائم، سواء كانوا ينتمون إلى أشخاص القانون العام، أو للسلطات التشريعية أو التنفيذية أو القضائية، أو كانوا من أفراد القوات المسلحة أو من المواطنين.

وكما سبقت الإشارة، اعتبر النظام الأساسي للمحكمة الجنائية الدولية جميع الجرائم السابق ذكرها من قبيل جرائم الحرب.

---

[13] المادة 28: مسؤولية القادة والرؤساء الآخرين:
بالإضافة إلى ما هو منصوص عليه في هذا النظام الأساسي من أسباب أخرى للمسؤولية الجنائية عن الجرائم التي تدخل في اختصاص المحكمة:
1. يكون القائد العسكري أو الشخص القائم فعلاً بأعمال القائد العسكري مسؤولاً مسؤولية جنائية عن الجرائم التي تدخل في اختصاص المحكمة والمرتكبة من جانب قوات تخضع لإمرته وسيطرته الفعليتين، أو تخضع لسلطته وسيطرته الفعليتين، حسب الحالة، نتيجة لعدم ممارسة القائد العسكري أو الشخص سيطرته على هذه القوات ممارسة سليمة.
أ. إذا كان ذلك القائد العسكري أو الشخص قد علم، أو يفترض أن يكون قد علم، بسبب الظروف السائدة في ذلك الحين، بأن القوات ترتكب أو تكون على وشك ارتكاب هذه الجرائم.
ب. إذا لم يتخذ ذلك القائد العسكري أو الشخص جميع التدابير اللازمة والمعقولة في حدود سلطته لمنع أو قمع ارتكاب هذه الجرائم أو لعرض المسألة على السلطات المختصة للتحقيق والمقاضاة.

السؤال المطروح هنا... هل يمكن محاكمة "إسرائيل" عن جرائم الحرب هذه أمام المحكمة الجنائية الدولية في الوقت الراهن[14]؟

بالرغم من ارتكاب "إسرائيل" جرائم حرب في حربها على غزة فإن المحكمة الجنائية الدولية لا تملك الاختصاص القانوني لملاحقة مجرمي الحرب الإسرائيليين، لأنه حسب المادة 13 من نظام روما الأساسي تمارس المحكمة اختصاصها فيما يتعلق بالجرائم التي أوردناها سابقاً إذا تمّ إحالتها من قبل دولة مصدقة على النظام الأساسي، أو من قبل مجلس الأمن بموجب الفصل السابع من اتفاقية الأمم المتحدة، أو إذا كان المدعي العام للمحكمة الجنائية قد بدأ بمباشرة تحقيق فيما يتعلق بهذه الجرائم على أرض دولة طرف في نظام روما الأساسي[15].

والواقع أن "إسرائيل" ليست طرفاً في معاهدة روما، حيث إنها لم تصادق عليها، بل وقعت عليها فقط، وبالتالي فإن المدعي العام لا يملك صلاحية قانونية لملاحقة أو بدء تحقيق في الانتهاكات الإسرائيلية. ومن ناحية أخرى فإن تشكيلة مجلس الأمن وسيطرة الفيتو Veto الأمريكي على أي قرار إدانة ضدّ "إسرائيل" يمنع إحالة القضية من قبل مجلس الأمن، ذلك أن سياسة الكيل بمكيالين هي السياسة الراجحة في العلاقات الدولية المعاصرة. فبعد أن سمح عدم اعتراض الولايات المتحدة على إحالة مجلس الأمن قضية دارفور Darfur case إلى المحكمة الجنائية الدولية، نرى أن قضية فلسطين ما زالت رهن الفيتو الأمريكي، ورهن التقاعس الدولي عن حماية الشعب الفلسطيني من جرائم الاحتلال الإسرائيلي.

---

[14] غزة التحدي الحقيقي أمام المحكمة الجنائية الدولية، معركة غزة تنتقل إلى المحافل القضائية والسياسية العالمية، جريدة **اللواء**، الأردن، 2009/1/27؛ وعبد الحسين شعبان: خمسة خيارات لمقاضاة مسؤولي إسرائيل، الجزيرة.نت، 2009/2/3.

[15] المادة 13: ممارسة الاختصاص:

للمحكمة أن تمارس اختصاصها فيما يتعلق بجريمة مشار إليها في المادة الخامسة وفقاً لأحكام هذا النظام الأساسي في الأحوال التالية:

أ. إذا أحالت دولة طرف إلى المدعي العام وفقاً للمادة 14 حالة يبدو فيها أن جريمة أو أكثر من هذه الجرائم قد ارتكبت.

ب. إذا أحال مجلس الأمن، متصرفاً بموجب الفصل السابع من ميثاق الأمم المتحدة، حالة إلى المدعي العام يبدو فيها أن جريمة أو أكثر من هذه الجرائم قد ارتكبت.

ج. إذا كان المدعي العام قد بدأ بمباشرة تحقيق فيما يتعلق بجريمة من هذه الجرائم وفقاً للمادة 15.

لكن ذلك قد تغير بعض الشيء عندما قام وزير العدل في السلطة الفلسطينية علي خشان بلقاء المدعي العام لويس مورينو أوكامبو Luis Moreno Ocampo في 22/1/2009، وأعلمه بأن السلطة الفلسطينية تقبل اختصاص المحكمة الجنائية الدولية حسب نصّ المادة 12/3 من معاهدة روما[16]، والتي تنصّ على أنه إذا كان قبول دولة غير طرف في هذا النظام الأساسي لازماً بموجب الفقرة الثانية جاز لتلك الدولة، بموجب إعلان يودع لدى مسجل المحكمة, أن تقبل ممارسة المحكمة اختصاصها فيما يتعلق بالجريمة قيد البحث، وتتعاون الدولة القابلة مع المحكمة دون أي تأخير واستثناء. وبالتالي فإن السلطة الفلسطينية بذلك قد فتحت باباً كان مغلقاً لمحاكمة المسؤولين الإسرائيليين، وحتى وإن كانت هناك إشكالية معقدة، فهذه الإشكالية القانونية تتعلق بالوضع القانوني للسلطة الفلسطينية، فكما ذكرنا سابقاً فإنه يحق للدول وللدول فقط اللجوء إلى المحكمة الجنائية الدولية، وفي حالتنا هذه تطرح تساؤلات حول الشرعية القانونية للسلطة الفلسطينية لإعطاء المدعي العام الاختصاص للنظر في الجرائم التي وقعت في قطاع غزة. وحسب تصريحات المدعي العام للمحكمة الدولية فإن هذا السؤال معقد بعض الشيء وتختلف فيه طرق التحليل، وقال إن بعض التفسيرات القانونية تشير إلى أن السلطة الفلسطينية ينطبق عليها مفهوم الدولة، وأضاف المدعي العام "سوف نتحقق الآن وفقاً للقانون الدولي مما إذا كان اعتراف السلطة الفلسطينية بهذه المحكمة يعني أن السلطة الفلسطينية تملك الحقّ القانوني للمطالبة بالاحتكام إلى المحكمة الجنائية للتحقيق في ادعاءات بارتكاب جرائم حرب"[17].

وعندما سئل المدعي العام مما إذا كانت مسألة منح السلطة الفلسطينية، التي لا تعترف بها الأمم المتحدة كدولة ذات سيادة بعد، الحقّ في إحالة قضيتها للمحكمة الدولية،

---

[16] John Quigley, "The Palestine Declaration to the International Criminal Court: The Statehood Issue," *Rutgers Law Record*, vol. 35, Spring 2009,

http://www.justiceforpalestinians.net/fonds/35-rutgers-l-rec-1.pdf

[17] الجنائية تحقق في دعوى قضائية ضدّ مسؤولين إسرائيليين، الجزيرة.نت، 2009/1/18؛ والجنائية الدولية تنظر في إمكانية مقاضاة إسرائيل، الجزيرة.نت، 2009/2/2؛ وتسعون منظمة فرنسية تقاضي إسرائيل بجرائم حرب، الجزيرة.نت، 2009/1/14؛ وانظر:
Prosecutor looks at ways to put Israeli officers on trial for Gaza "war crimes", *The Sunday Times* newspaper, 2/2/2009; Visit of the Minister of Justice of Palestine to ICC,

http://www.icc-cpi.int/NR/rdonlyres/4F8D4963-EBE6-489D-9F6F-1B3C1057EA0A/280141/ICCOTP20090122Palestinerev.pdf;

and Israel may face war crimes trials over Gaza, The Guardian, 2/3/2009; and War crimes accusations rattle Israel, site of The Christian Science Monitor, 4/2/2009.

أجاب مورينو قائلاً "إن تعريف الدولة في القانون الدولي محل خلاف، إنها مسألة معقدة، وإن مسألة ما إذا كانت السلطة الفلسطينية تتمتع بحقّ إحالة القضايا لم يفصل فيها، وهي من الأمور التي يجب دراستها بشكل مطول"[18].

وهذا يعني أن الخطوة الأولى التي ستركز عليها المحكمة ممثلة بالادعاء العام هو التركيز على الأسس القانونية للدعوى، من حيث أحقية السلطة الفلسطينية في رفع دعوى أم لا، قبل البدء في إجراء التحقيقات اللازمة لمعرفة ما إذا كانت هناك جرائم قد تمّ ارتكابها في غزة أم لا. والإجابة على هذا التساؤل ستكون معقدة أيضاً، لأنه إذا ما قبل المدعي العام بأحقية السلطة الفلسطينية في منحه التفويض للبدء في إجراء التحقيق بارتكاب جرائم حرب في غزة، فإن ذلك يعني إعطاء اعتراف غير مباشر بالسلطة الفلسطينية والأراضي الفلسطينية المحتلة على أنها دولة، أما في حال رفضه طلب السلطة الفلسطينية فإن ذلك سوف يعزز الحلقة القانونية المفرغة التي تجد السلطة نفسها باعتبارها لا تمثل دولة[19].

ويمكن للأمور أن تتغير مرة أخرى إذا ما قامت دولة عضو في ميثاق روما مثل الأردن، أو فنزويلا، أو جنوب إفريقيا، أو بوليفيا[20]، بإحالة الجرائم التي تمّ ارتكابها في غزة إلى المدعي العام، بناء على إعلان السلطة الصادر حسب المادة 12/3 من معاهدة روما، وهذا الحدث سوف يؤدي إلى جدل قانوني آخر حول موضوع الاختصاص، ومن شأنه أن يدفع إلى تدخل قضاة المحكمة أنفسهم للبحث فيما إذا كانت المحكمة الجنائية الدولية مختصة للنظر في الجرائم التي وقعت في قطاع غزة[21].

ويمكن أن يتطور الأمر إلى أن يصبح مسألة متعلقة بتفسير نصوص معاهدة روما، مما قد يدفع الأمر حسب نصّ المادة 119/2 من معاهدة روما إلى إرسال المسألة محل الخلاف، وهي ما إذا كانت السلطة الفلسطينية دولة أم لا، إلى محكمة العدل الدولية، حيث نصّت المادة 119/2 على أنه:

---

[18] الجنائية الدولية قد تباشر تحقيقاً في جرائم الحرب بغزة، الجزيرة.نت، 2009/2/4؛ وأوكامبو يتحدث عن تحقيق في ارتكاب جرائم حرب بغزة، موقع شبكة الإعلام العربية (محيط)، 2009/2/4.

[19] International Criminal Court to consider Gaza investigation, *Los Angeles times*, California, 5/2/2009; and Palestinians make ICC overtures, BBC, 3/2/2009.

[20] بوليفيا تتهيأ لمقاضاة قادة إسرائيليين في محكمة لاهاي، الجزيرة.نت، 2009/1/16.

[21] انظر نصّ المادة 13 و14 من معاهدة روما.

يحال إلى جمعية الدول الأطراف أي نزاع آخر بين دولتين أو أكثر من الدول الأطراف بشأن تفسير أو تطبيق هذا النظام الأساسي لا يسوى عن طريق المفاوضات في غضون ثلاثة أشهر من بدايته، ويجوز للجمعية أن تسعى هي ذاتها إلى تسوية النزاع أو أن تتخذ توصيات بشأن أية وسائل آخرى لتسوية النزاع، بما في ذلك إحالته إلى محكمة العدل الدولية وفقاً للنظام الأساسي لتلك المحكمة.

إن وصول قضية الجرائم التي ارتكبت في غزة إلى هذا التطور يعدّ في حدّ ذاته نصراً لمبدأ أن كل من يرتكب جرماً سوف تتمّ ملاحقته بكل الطرق القانونية، وهذا ما دفع الإسرائيليين إلى التخوف من هذا الأمر، ودفع بعض منظمات حقوقية إسرائيلية إلى الطلب من المدعي العام الإسرائيلي بفتح تحقيق مستقل حول تورط جنود إسرائيليين في جرائم حرب بغزة، معتبرين أن تحقيقاً كهذا من شأنه أن يقطع الطريق على الدعاوى المقدمة إلى المحكمة الجنائية الدولية.

صحيح أن وظيفة المحكمة كما هو معروف أنها مكملة للقضاء الوطني حسب نصّ المادة الأولى من معاهدة روما، والتي نصّت على الصفة التكميلية للمحكمة بالنسبة للقضاء الوطني، حيث نصّت على "... وتكون المحكمة مكملة للاختصاصات القضائية الجنائية الوطنية...".

ونصت المادة 17/1/أ من معاهدة روما، والتي تتحدث عن المسائل المتعلقة بالمقبولية، على أنه "تقرر المحكمة أن الدعوى غير مقبولة في حالة ما إذا كانت تجري التحقيق أو المقاضاة في الدعوى دولة لها اختصاص عليها، ما لم تكن الدولة غير راغبة في الاضطلاع بالتحقيق أو المقاضاة أو غير قادرة على ذلك...".

لكن، من السهولة بمكان توثيق كل ما يدل على أن القضاء الإسرائيلي هو شريك في الجرم والفعل، لأنه قضاء لا يعاقب المجرم إذا كان إسرائيلياً ويعاقب الفلسطيني المدني بالاغتيال والقتل العمد وهدم البيوت لأنه فلسطيني، وكما قال أحد المفكرين العرب فإنه يجب التحضير والتنسيق بين جميع الجهات التي تهتم بموضوع جرائم غزة بشكل لا تجوز فيه الخسارة، فالشعب الفلسطيني ليس بحاجة إلى أن تقوم هيئة دولية بتبرئة "إسرائيل" من جرائم الحرب لأسباب فنية أو شكلية[22].

[22] عزمي بشارة يكتب: جرائم الحرب... أفكار حول معنى المحاكمة، الجزيرة.نت، 2009/2/24.

المبحث الثاني: مبدأ الاختصاص العالمي:

يعرف مبدأ الاختصاص العالمي بأنه مبدأ قانوني يسمح لدولة أو يطالبها بإقامة دعوى قانونية جنائية فيما يختص بجرائم معينة، بصرف النظر عن مكان الجريمة وجنسية مرتكبها أو الضحية[23].

وهذا المبدأ يخالف القواعد العادية للاختصاص الجنائي، التي تستلزم صلة إقليمية أو شخصية بالجريمة أو مرتكبها أو الضحية[24]. ويسمح الاختصاص العالمي بمحاكمة أي شخص يكون قد ارتكب جريمة دولية في أي مكان في العالم، لأن هناك جرائم خطرة تلحق أضراراً بالمجتمع الدولي ككل، ولا ينبغي أن يتوفر ملاذ آمن لمن يرتكب مثل هذه الجرائم[25].

والمفهوم الضيق لهذا المبدأ يسمح بمقاضاة المتهم بجرائم دولية فقط إذا كان تقديمه للمحاكمة متاحاً، في حين يتضمن المفهوم الأوسع إمكانية رفع الدعوى في غياب الشخص الذي يجري البحث عنه أو الشخص المتهم[26].

وللدول في نطاق نظامها القانوني المحلي أن تقبل بالاختصاص العالمي كالتزام اختياري تعاقب بمقتضاه بعض الجرائم، وخاصة تلك المنصوص عليها في اتفاقيات جنيف سنة 1949، والتي هي قواعد عرفية وجزء من النظام القانوني الداخلي لأغلب الدول الأوروبية مثل فرنسا، وبلجيكا، وإسبانيا، وبريطانيا، أو غيرها من الدول[27].

في هذا المبحث سوف نتحدث عن هذا المبدأ من الناحية القانونية من حيث إمكانية تواجده في الاتفاقيات الدولية والقانون العرفي الدولي، وسيتمّ التطرق لبعض القضايا التي اعتمد المحامون فيها على هذا المبدأ أمام المحاكم المحلية.

---

[23] Kenneth C. Randall, "Universal Jurisdiction under international law," *Texas Law Review* journal, University of Texas School of Law, vol. 66, 1988, pp. 785-810.

[24] Mary Robinson, *The Princeton Principles on Universal Jurisdiction* (Princeton: Princeton University Press, 2001), p. 16.

[25] Gèrald de la Pradelle, "La compétence Universelle," dans Hervé Ascencio, Emmanuel Decaux et Alain Pellet (eds.), *Droit International Pénal* (Paris: Pedone, 2000), p. 974.

[26] Antonio Cassese. *International Criminal Law* (USA: Oxford University Press, 2003), p. 285.

[27] كزافييه فيليب، "مبادئ الاختصاص العالمي والتكامل: وكيف يتوافق المبدآن،" المجلة الدولية للصليب الأحمر، مجلد 88، العدد 862، حزيران/ يونيو 2006.

أ. مبدأ الاختصاص العالمي في المعاهدات الدولية والقانون العرفي الدولي:

مع ظهور أنواع جديدة من الجرائم الدولية، قامت الدول بالتوقيع على معاهدات واتفاقيات دولية لملاحقة هذه الجرائم. وهذه المعاهدات تنصّ في بعض بنودها على سبل ملاحقة الأشخاص المتهمين بارتكاب إحدى هذه الجرائم، بالإضافة إلى ذلك فإن غالبية هذه المعاهدات تنظر في صلاحية الدول الأعضاء المتعلقه بملاحقة المتهمين، بحيث تُعطيها الحقّ لفعل ذلك شريطة أن يكون العمل الإجرامي ارتكب على أراضيها (الاختصاص الجغرافي)، أو أن يكون المتهم أو الضحية يحملون جنسيتها (الاختصاص الشخصي).

بالإضافة إلى هذه الأنواع من الاختصاصات، فإن معظم هذه الاتفاقيات تنصّ أيضاً على إمكانية اعتماد الدول على الاختصاص العالمي. وهنالك نوعان من هذا الاختصاص الذي يمكن أن تنصّ عليه هذه الاتفاقيات وهما: الاختصاص العالمي الاختياري، والاختصاص العالمي الإجباري.

1. الاختصاص العالمي الاختياري:

هناك اتفاقيات دولية تنصّ على بنود تتعلق بالاختصاص العالمي الاختياري، والذي يُمكن استنباطه من صيغة النصّ والمصطلحات المستعملة. مثال على ذلك، عندما يستعمل النصّ كلمة "يمكن" فإننا نستطيع القول إن المشرِّع أراد أن يترك للدولة العضو الاختيار في الاعتماد على هذا الاختصاص أو لا. وإمكانية الاختيار التي تنصّ عليها المعاهدة فيما يتعلق بالاختصاص العالمي تشمل مجالين: الاختيار في الملاحقة القضائية، والاختيار في الحكم على المتهم. بكلمات أخرى، الاختيار في الملاحقة القضائية يعني أن تُعطى السلطات المختصة الحرية في أن تبدأ التحقيق بجريمة معينة أو لا تتخذ أي إجراء، والحرية بالمقاضاة أو المحاكمة تعني أن تقرر السلطات المختصة، وبعد أن أجرت التحقيقات اللازمة أن تجلب القضية أمام المحكمة. وقد أُطلق على هذا النوع من الاختصاص العالمي اسم "الحرية في الملاحقة والمقاضاة"، وهو اختصاص عالمي بحت.

ومن الناحية الأخرى هنالك بعض النصوص في بعض الاتفاقيات التي تجبر السلطات المختصة على تشريع قوانين خاصة بالاختصاص العالمي، ولكن مع إعطائها الحرية التامة في الملاحقة والمقاضاة.

• الحرية في الملاحقة والمقاضاة: اختصاص عالمي بحت:

إن بعض الاتفاقيات الدولية تُعطي السلطات المختصة في الدول الأعضاء الحرية الكاملة في الملاحقة والمقاضاة. ومن هذه الاتفاقيات الاتفاقية الدولية لملاحقة جريمة الفصل العنصري، والتي وُقّعت سنة 1973[28]. والمادة الخامسة من هذه الاتفاقية تنصّ بأن "الأشخاص المتهمون بارتكاب أحد أنواع الجرائم المنصوص عليها في المادة الثانية من هذه الاتفاقية يُمكن أن يُلاحقوا من قِبل إحدى محاكم الدول الأعضاء ذات الاختصاص من خلال نصّ هذه المادة". نلاحظ من النصّ أن المُشرِّع استعمل الفعل "يُمكن"، والذي يعطي الخيار التام للدول الأعضاء في أن تلاحق الأشخاص المتهمين، ولذلك يمكن القول إن هذا الاختصاص هو اختصاص عالمي بحت. ومن الجدير ذكره أن الاتحاد السوفييتي سابقاً أيّد بقوة اعتماد هذا النوع من الاختصاص.

كما أن الاتفاقية الأوروبية لمكافحة الإرهاب European Convention on the Suppression of Terrorism الموقعة سنة 1977 فقد نصّت المادة 6/2 على النوع نفسه من الاختصاص العالمي البحت[29]. وهناك أيضاً العديد من الاتفاقيات التي تنصّ على هذا النوع نفسه من الاختصاص العالمي، كتلك المتعلقة بالمرتزقة، والتي أُقرت سنة 1989[30].

• الاختصاص العالمي: واجب التشريع من أجل السماح بالملاحقة:

هذا النوع من الاختصاص العالمي ينصّ على أن الاتفاقية الدولية تفرض واجباً على الدول الأعضاء بأن تشرع قوانين داخلية من أجل إتاحة الفرصة أمام المحاكم لملاحقة المجرمين. على سبيل المثال فإن الاتفاقية الدولية المتعلقة بالرهائن لسنة 1979[31]،

---

[28] الاتفاقية الدولية لمعاقبة الفصل العنصري لسنة 1973.

[29] Council of Europe, European Convention on the Suppression of Terrorism, 27/1/1977, http://conventions.coe.int/treaty/en/Treaties/Html/090.htm

المادة السادسة:

1. كل دولة عضو يجب أن تأخذ الإجراءات الضرورية ليكون عندها اختصاص قانوني على الأفعال المجرّمة المنصوص عليها في المادة الأولى في حالة كان الشخص المتهم موجوداً على أراضي تلك الدولة ولم تقم هذه الدولة بتسليمه إلى دولة عضو أخرى طلبت تسليمه.
2. هذه الاتفاقية لا تستبعد أي اختصاص جنائي بموجب القانون الوطني.

[30] "International Convention against the Recruitment, Use, Financing and Training of Mercenaries, 4 December 1989," International Committee of the Red Cross (ICRC), http://www.icrc.org/ihl.nsf/FULL/530?OpenDocument

[31] United Nations (UN), Treaty Series, *International Convention against the Taking of Hostages, adopted by the General Assembly of the United Nations on 17 December 1979*, vol. 1316, no. 21931.

تنصّ في مادتها 5/3 على أن: "هذه الاتفاقية لا تستثني أية اختصاص جنائي يمكن أن يمارس بحسب القانون الداخلي".

أما الاتفاقية الأوروبية لمكافحة الإرهاب لسنة 1977 فإن المادة 6/1 تنصّ على أن:

تأخذ كل دولة موقعة الإجراءات الضرورية من أجل أن تصبح مختصة في التعرف على إحدى الجرائم المنصوص عليها في المادة الأولى وملاحقتها، في حالة وجد الشخص المتهم على أراضيها ولم تقم الدولة بتسليمه لدولة أخرى، بعد أن استلمت طلباً لهذه الغاية من دولة موقعة أخرى، والتي لديها الاختصاص لملاحقة ومقاضاة هذا الشخص[32].

من هنا نرى أن هذه المادة تفرض واجباً على الدول الأعضاء أن تسنّ القوانين التي تمكنها من أن تصبح مختصة في ملاحقة هذا النوع من الجرائم، ولكن هذا النصّ يفرض شرطاً على هذه الدول بحيث ترفض أي طلب لتسليم الشخص المطلوب لدولة عضو أخرى، إذا تواجد هذا الشخص على أراضي هذه الدولة، وكان لديها القانون الذي يخول السلطات القضائية بملاحقته، ومن المهم ذكره أنه في حالة أن رفضت هذه الأخيرة تسليم هذا الشخص فإن المادة 6/1 لا تلزمها بملاحقته أو مقاضاته.

2. الاختصاص العالمي الإجباري:

الاتفاقية التي تعترف بمبدأ الاختصاص العالمي تفرض على الدول الأعضاء ضرورة احترام الواجبات المنصوص عليها، والتي توصف بالمهمة، من أجل محاربة الجرائم الدولية. هذه الواجبات تشتمل على الملاحقة ومحاربة هذه الجرائم، والتي تتمّ عن طريق تبني القوانين والتشريعات الداخلية لكل دولة. ومن أجل تعزيز هذه الواجبات فإن الاتفاقيات تعطي الدول حرية الاختيار بين المحاكمة أو تسليم الشخص لدولة أخرى، هذا المبدأ يدعى مبدأ التسليم أو المقاضاة Aut dedere Aut judicare. هذا المبدأ المنصوص عليه في الاتفاقيات الدولية يسمح للدول الأعضاء بأن يعتمدوا على نصوص المعاهدة ويطبقوها بشكل مباشر، أو أن يتمّ استنساخ النصوص الملائمة وملاءمتها مع القانون الداخلي.

[32] Council of Europe, European Convention on the Suppression of Terrorism, 27/1/1977.

هنالك العديد من الاتفاقيات التي تشمل في بنودها مبدأ الاختصاص العالمي الإجباري، وكما ذكرنا سابقاً فإن أول اتفاقية نصّت على استعمال المبدأ الإجباري هي اتفاقية جنيف المتعلقة بجرائم تزوير العملات النقدية لسنة 1929[33]. فالمادة التاسعة من هذه الاتفاقية تنصّ على اعتماد الدول الأعضاء على مبدأ الاختصاص العالمي الإجباري، وذلك من خلال استعمال النصّ لمبدأ التسليم والمقاضاة، وذلك بشرط أن لا يتمّ تسليم الشخص المطلوب لدولة أخرى كانت قد طالبت به[34].

من ناحيتها تنصّ اتفاقية جنيف لسنة 1937 المتعلقة بجريمة الإرهاب في المادة العاشرة، على أن الدولة التي ترفض تسليم أي شخص مطلوب من قبل دولة أخرى فإنها تصبح مجبرة على مقاضاة هذا الشخص[35].

اتفاقيات جنيف الأربعة لسنة 1949 والمتعلقة بسلوك الأطراف المتنازعة خلال الحرب، تنصّ على مبدأ الاختصاص العالمي الإجباري بشكل صريح وواضح وبدون أية شروط، وكذلك ينطبق الأمر على البروتوكول الإضافي لسنة 1977[36].

مبدأ الاختصاص العالمي الإجباري، يشكل أحد الأسس لملاحقة المجرمين، اعتماداً على نصوص الاتفاقيات الدولية، وفي المقابل يمكن أن نجد هذا المبدأ في القانون العرفي الدولي، حيث إن مبدأ الاختصاص العالمي موجود في القانون العرفي الدولي من خلال ممارسة الدول لوقائع معينة واقتناعها بأنها تمارس قانوناً أو مبدأ سائداً، فمثلاً نجد هذا المبدأ في القوانين الداخلية لكثير من الدول، بحيث تنصّ على إمكانية اعتماد المحاكم عليه من أجل ملاحقة الأشخاص المتهمين بارتكاب بعض الجرائم الدولية.

---

[33] اتفاقية جنيف لسنة 1929 من أجل ملاحقة جرائم تزوير العمل النقدية، المادة التاسعة.

[34] Convention de Genève de 20 avril 1929 sur la répression du faux monnayage, Viadrina International Law Project (VILP), http://www.vilp.de/Frpdf/f134.pdf

[35] Convention de Genève du 16 novembre 1937 pour la prévention et la répression du terrorisme, L'article 10 de la convention prévoit que.

[36] Convention (IV) de Genève relative à la protection des personnes civiles en temps de guerre, 12 août 1949," ICRC, http://"www.icrc.org/dih.nsf/48f761e1a61e194b4125673c0045870f/e8acc1a1e2a34f5fc1256414005deecc; and United Nations High Commissioner for Human Rights (OHCHR), http://www.unhchr.ch/french/html/menu3/b/93_fr.htm

على سبيل المثال فإن القانون البلجيكي لسنة 1993 نصّ بشكل صريح على إمكانية الاعتماد على هذا المبدأ من أجل محاكمة الأشخاص المتهمين بمخالفة اتفاقيات جنيف لسنة 1949 والبروتوكولات الإضافية لسنة 1979. فالمادة السابعة من هذا القانون نصّت على أن السلطات البلجيكية تملك الصلاحية بملاحقة الأشخاص المتهمين بارتكاب مخالفات لاتفاقيات جنيف لسنة 1949، بدون أية شروط[37]. وفي سنة 1999 تمّ توسيع اختصاص المحاكم البلجيكية لتشمل الجرائم المرتكبة في النزاعات الداخلية، بحيث يشمل القانون لسنة 1993 الجرائم ضدّ الإنسانية والإبادة الجماعية. وفي نهاية الأمر تمّ تعديل هذا القانون لأسباب سنتطرق لها في القسم الأخير من هذا الموضوع.

أما في فرنسا فإن القانون الداخلي ينصّ على أن السلطات المختصة تملك صلاحية الاعتماد على مبدأ الاختصاص العالمي في المواد 1-689 و2-689 إلى 9-689 من قانون الإجراءات الجنائية، ولكن هنالك بعض الشروط التي يجب أن تتوفر من أجل أن ينطبق هذا المبدأ، ومنها تواجد المتهم على الأراضي الفرنسية، وأيضاً أن تكون الجريمة معرفة من قبل اتفاقية دولية تكون فرنسا من الأعضاء فيها.

وهنالك العديد من الدول التي ينصّ قانونها الداخلي على مبدأ الاختصاص العالمي مثل الولايات المتحدة الأمريكية، وبريطانيا، وإسبانيا، وألمانيا، وغيرها الكثير.

ومن الناحية الأخرى، نرى أنه تمّ الاعتماد على هذا المبدأ من أجل محاكمة بعض المجرمين من الحرب العالمية الثانية، مثل أدولف ايخمان Adolf Eichmann الذي حوكم وأعدم في "إسرائيل" سنة 1962 بسبب مشاركته في قتل اليهود خلال الحرب[38].

أما في سنوات التسعينيات فقد تمّ الاعتماد على هذا المبدأ من أجل ملاحقة مجرمي الحرب في رواندا ويوغوسلافيا السابقة، وخاصة أمام المحاكم الأوروبية مثل ألمانيا وبلجيكا وفرنسا. ففي بلجيكا مثلاً تمّ الحكم على أربعة أشخاص من رواندا بسبب مشاركتهم في الجرائم التي ارتكبت في رواندا خلال النزاع في سنة 1994[39].

---

37 Dominique Wery, "La loi de compétence universelle," *Banc Public*, no. 108, Mars 2002, http://www.bancpublic.be/PAGES/108lcu.htm

المادة السابعة من القانون 1993 تنصّ على أن "السلطات القضائية البلجيكية مختصة لمعرفة الانتهاكات المنصوص عليها في هذا القانون بغض النظر عن مكان ارتكاب هذه الأفعال...".

38 Attorney General of the State of Israel v. Eichmann, District Court of Jerusalem, Judgement of 12/12/1961, *International Law Reports*, vol. 36, 1968.

39 Affaire "Quatre Butare", Arrêt du 8/6/2001 de la Cour d'Assisse de Bruxelles.

أما في ألمانيا فقد تمت محاكمة مواطن يوغوسلافي يدعى دوسكو تاديش Dusko Tadic، بسبب مشاركته في الجرائم التي ارتكبت خلال الصراع في البلقان في سنوات التسعينيات[40].

طبعاً هنالك الكثير من القضايا التي رفعت أمام المحاكم الأوروبية، والتي تشكل أحد أنواع الوقائع العامة، بحيث تقوم الدول بأخذ إجراء معين، بحيث يشكل هذا الأخير العنصر المادي للعرف الدولي.

أما فيما يتعلق بالعنصر النفسي فإن تصريحات بعض المسؤولين الدوليين فيما يتعلق بمبدأ الاختصاص العالمي[41]، تشكل العنصر النفسي الضروري لإكمال العرف الدولي. وأيضاً توقيع الاتفاقيات والمعاهدات الدولية التي تنصّ على هذا المبدأ يشكل أيضاً عنصراً نفسياً في العرف الدولي.

أما على الصعيد الدولي فإن محكمة العدل الدولية كانت لها فرصة لمعالجة هذا المبدأ بشكل خاص في القضية التي رفعتها جمهورية الكونغو الديموقراطية ضدّ بلجيكا فيما يتعلق بأمر اعتقال وزير الخارجية الكونغولي يوروديا Yerodia case. بحيث قامت المحكمة في بروكسل بإصدار هذا الأمر ضدّه لتهم تتعلق بالتحريض على القتل والتعصب الديني[42]، ولكن من خلال النظر إلى القرار نجد أن المحكمة لم تتطرق بشكل صريح لمبدأ الاختصاص العالمي.

وما يجدر ذكره أن 11 قاضٍ من بين 17 قاموا بكتابة وجهة نظرهم الخاصة، ومعظمهم تطرقوا لمبدأ الاختصاص العالمي وإمكانية اللجوء إليه من أجل ملاحقة الأشخاص المتهمين بارتكاب بعض الجرائم الدولية، مثل الإبادة الجماعية والجرائم ضدّ الإنسانية وجرائم ضدّ الحرب[43].

40 Cour Suprême Fédérale (Examining magistrate), 13/2/1994.

41 اتخذت الحكومة الأسترالية، في قضية بولينكوفيتش أمام المحاكم الأسترالية، موقفاً مؤيداً وقوياً لصالح مبدأ الاختصاص العالمي.

42 *Mandat d'arrêt du 11 avril 2000 (Republique Democratique du Congo c. Belgique)*, ordonnance du 13 decembre 2000, C.I.J Recueil 2000, p. 235, http://www.icj-cij.org/docket/files/121/8121.pdf

43 I.C.J., http://www.icj- cij.org/docket/index.php?pr=548&p1=3&p2=1&case=121&p3=6&search="tiendront"&PHPSESSID=6ea6531718ed4eafff4dbc1ebb4217ba&lang=en&PHPSESSID=6ea6531718ed4eafff4dbc1ebb4217ba

ب. مبدأ الاختصاص العالمي أمام المحاكم المحلية:

في هذا الجزء سنتطرق للقضايا المتعلقة ببعض القادة الإسرائيليين الذين واجهوا القضاء المحلي لدول أوروبية بسبب جرائم ارتكبوها بحقّ الشعب الفلسطيني.

القضية الأولى، والتي أثارت عاصفة سياسية وأزمة دبلوماسية، هي قضية أريل شارون Ariel Sharon ومتهمون آخرون إسرائيليون ولبنانيون، أمام المحاكم البلجيكية. ففي سنة 2001 قامت مجموعة من اللبنانيين والفلسطينيين، وهم من ضحايا مجزرة صبرا وشاتيلا والتي ارتكبت سنة 1982 في المخيمات الفلسطينية في لبنان، برفع قضية أمام المحاكم البلجيكية، اعتماداً على القانون لسنة 1993 المتعلق بمبدأ الاختصاص العالمي[44].

وفي تاريخ 2002/6/16 قامت الغرفة البدائية للاتهام لمحكمة الاستئناف في بروكسل بردّ القضية معتمدة على المادة 12 من قانون التجريم، والذي يشترط تواجد الشخص المتهم على الأراضي البلجيكية من أجل إمكانية تطبيق القانون لسنة 1993[45].

الضحايا بدورهم توجهوا إلى محكمة النقض، والتي أصدرت قراراً بتاريخ 2003/1/12، وفي هذا القرار تمّ تعديل قرار الغرفة البدائية لمحكمة الاستئناف بحيث سمحت باستئناف ملاحقة المتهمين حالاً واستئنافها ضدّ شارون بعد أن ينهي مهامه كرئيس للوزراء، وذلك بسبب الحصانة الدبلوماسية التي يتمتع بها[46]. من خلال حيثيات القرار نرى أن المحكمة ناقضت قرار المدعي العام الذي اشترط تواجد الشخص المتهم على الأراضي البلجيكية من أجل إمكانية تطبيق القانون لسنة 1993 والاعتماد على مبدأ الاختصاص العالمي.

بعد هذا القرار قامت "إسرائيل" ومن ورائها الولايات المتحدة الأمريكية بالضغط على الحكومة البلجيكية من أجل تغيير هذا القانون، وبالفعل تمّ تعديل القانون في سنة 2003 مرتين، الأولى في نيسان/ أبريل والثانية في شهر آب/ أغسطس، حيث وَضعت

[44] Fédération Internationale des ligues des Droits de l'Homme (FIDH), Compétence Universelle, Affaires Sharon et Gbagbo, La compétence universelle: le législateur au pied du mur!, 26/6/2002, http://www.fidh.org/Affaires-Sharon-et-Gbagbo

[45] Chambre de mise en accusation de a Cour d'appel de Bruxelles, 26/6/2002.

[46] Cour de Cassation de Bruxelles, 12/2/2003,
http://www.fil-info-france.com/actualites-monde/loi_competence_universelle.htm

شروطاً تعجيزية تؤدي إلى إلغاء مفهوم المبدأ بشكل كامل، ومن ضمن هذه الشروط أن تتواجد الضحية على الأراضي البلجيكية لمدة لا تقل عن ثلاثة أعوام قبل تقديم الشكوى، أو أن يتواجد المتهم على الأراضي البلجيكية، وفي كلا الحالتين يجب أن يكون المتهم يحمل جنسية دول غير ديموقراطية والنظام القضائي بها غير عادل[47].

يبدو جلياً من خلال هذه التعديلات أن القانون فقد جميع خصائصه وأصبح قانوناً عادياً، وفي نهاية المطاف قامت السلطات بتحويل القضية حسب القانون الجديد إلى المحاكم الإسرائيلية، وكما هو معروف فإن هذه الأخيرة أغلقت الملفات وأنهت القضية.

القضية الثانية التي اعتمدت على مبدأ الاختصاص العالمي، رُفعت أمام المحاكم البريطانية ضدّ أحد الضباط الإسرائيليين، ويدعى دورون ألموغ Doron Almog، وتمّ إصدار أمر بجلبه إلى المحكمة، لكن قبل أن ينزل من الطائرة التي كانت تقله إلى لندن تمّ إبلاغه بالأمر فعاد إلى بلده وتجنب الاعتقال.

ففي 2005/9/10 أصدر قاضٍ إنجليزي أمر جلب بحقّ ألموغ، وذلك بذريعة اتهامه بارتكاب جرائم حرب في الأراضي الفلسطينية، وفي غزة تحديداً. بعد ذلك قام مركز حقوق الإنسان الفلسطيني وبمساعدة منظمة بريطانية هيكمان وروز المحامين Hickman and Rose Solicitors بتحضير ملف كامل بحيثيات القضية، وقام بتقديمه للمحاكم الإنجليزية اعتماداً على المواد المتعلقة بمخالفة اتفاقية جنيف لسنة 1949، والتي تدعى اتفاقيات جنيف لسنة 1957، بحيث نسب للضابط الإسرائيلي وآخرين تهمة ارتكاب جرائم حرب في غزة، والتي تشمل:

- هدم 59 منزلاً في مخيم رفح للاجئين في جنوب غزة في 2002/1/10.
- قتل السيدة نهى شوقي المقادمة، والتي كانت في الشهر التاسع من حملها في 2003/3/3.
- قتل السيد محمد عبد الرحمن المدهون في 2001/12/30.
- القتل الجماعي لأكثر من 15 فلسطينياً وجرح أكثر من 150 شخص خلال قصف مبنى سكني بقنبلة تزن طن، وذلك في[48] 2002/7/12.

---

[47] انظر المادة السابعة من القانون المعدل لسنة 2003.

[48] المركز الفلسطيني لحقوق الإنسان، مجرم حرب إسرائيلي يهرب من العدالة البريطانية بعد إصدار محكمة بريطانية أمر اعتقال بحقه، 2005/9/11، انظر:

http://www.pchrgaza.org/portal/ar/index.php?option=com_content&view=article&id=6107:2009-12-16-08-20-35&catid=120:2009-12-29-09-36-28&Itemid=214

ولكن المحكمة قررت أن تصدر أمر اعتقال بحق المتهم فقط فيما يتعلق بالجريمة الأولى، لأنه وفي حالة الجرائم الأخرى، والتي تتعلق بالقتل فإنه يجب أن يتمّ تحقيق بوليسي بالأمر، وهذا ما كان صعباً على المحكمة أن تفعله، ولكن لأسباب غير معروفة استطاع ألموغ أن يفلت من العدالة[49].

أيضاً تمّ رفع دعوة ضدّ شاؤول موفاز Shaul Mofaz سنة 2004 أمام القضاء البريطاني واتهامه بارتكاب جرائم حرب، وذلك اعتماداً على مبدأ الاختصاص العالمي المنصوص عليه في القانون البريطاني سنة 1957، والمتعلق بمخالفة اتفاقيات جنيف لسنة 1949، والذي تحدثنا عنه في القضية السابقة. في هذه القضية تمّ استصدار أمر اعتقال ضدّ موفاز سنة 2004، بحيث كان يشغل منصب وزير دفاع حينها، لارتكابه مخالفات كبيرة لاتفاقيات جنيف والمنصوص عليها في المادة 147 من اتفاقيات جنيف، والمتعلقة بالقتل المتعمد، وإحداث معاناة جسدية ونفسية كبيرة، وتدمير ممتلكات المدنيين بشكل تام أو جزئي[50].

هناك قضية أخرى رفعت في سنة 2008 ضدّ عامي أيالون Ami Ayalon، وزير في الحكومة الإسرائيلية بدون حقيبة، وذلك بسب اتهامه بارتكاب أعمال تعذيب بحقّ أحد الفلسطينيين، والقضية رفعت أمام المحاكم الهولندية، بحيث اعتمد المحامون على القانون لسنة 2003 المتعلق بالجرائم الدولية، والذي ينصّ على إمكانية الاعتماد على مبدأ الاختصاص العالمي.

لقد قام المركز الفلسطيني لحقوق الإنسان برفع دعوى ضدّ أيالون متعلقة بجرائم تعذيب بحقّ خالد الشامي من غزة، والذي تعرض للتعذيب من قبل أجهزة الأمن الإسرائيلية ومن ضمنها جهاز الأمن العام الإسرائيلي (الشاباك) Israel Security Agency (Shabak) التي كان يرأسها أيالون بين سنتي 1997-2000، ولكن بسبب تأخر إصدار أمر الاعتقال نجح أيالون في مغادرة الأراضي الهولندية[51].

---

49 Site of LabourNet UK, Israeli Ex-General Evades London Arrest on War-Crimes Charge, 18/9/2005, http://www.labournet.net/world/0509/almog1.html

50 انظر أمر الاعتقال في: www.adh-geneva/RULAC/pdf-state/Application

51 أحد ضحايا التعذيب يسعى إلى مقاضاة رئيس جهاز الأمن العام الإسرائيلي السابق، موقع شبكة فلسطين الإخبارية، 2008/10/6.

وفي 2009/10/26، رفضت محكمة الاستئناف في هولندا شكوى مقدمة ضدّ عامي أيالون، الرئيس السابق للشاباك، ومن اللافت للنظر أن محكمة الاستئناف قررت أن وجود المتهم على الأراضي الهولندية كافٍ لممارسة الولاية القضائية، ولكن من أجل ممارسة الولاية القضائية بشكل فعلي في قضية معينة، قررت المحكمة بأن على الادعاء أن يقرر ما إذا كان الشخص ذو العلاقة يمكن تصنيفه كمتهم بموجب اتفاقية مناهضة التعذيب والقانون الهولندي المطبق. وفي ظلّ الأدلة المقدمة للادعاء فيما يتصل بتورط السيد أيالون في تعذيب السيد الشامي، يعتقد بأن المحكمة أضافت هذه الإشارة من أجل التعامل مع الموقف الصعب من الناحية السياسية الذي وجدت نفسها فيه. وفي النهاية، كان عدم اتخاذ الادعاء أي إجراء خلال زيارة السيد أيالون لهولندا أمراً حاسماً[52].

كما رفضت محكمة بريطانية في 2009/9/29 دعوى قضائية أقامتها عائلات فلسطينية من قطاع غزة لإصدار أمر اعتقال بحق وزير الدفاع الإسرائيلي إيهود باراك؛ بتهمة ارتكابه جرائم حرب خلال العدوان الإسرائيلي على غزة. وأرجعت محكمة وستمنستر Westminster Court London في العاصمة لندن هذا الرفض إلى القانون البريطاني الذي قالت إنه يعطي الوزراء الأجانب حصانة ضدّ الاعتقال. وقالت المحكمة:

"وافقت المحكمة على الحجج التي قدمها مكتب وزارة الخارجية البريطانية على اعتبار أن وزير الدفاع كان ضيفاً على الدولة، وبالتالي لا يمكن تحريك دعوى ضدّه"[53].

كما أعلنت المدعية العامة النرويجية، سيري فريجارد Siri Frigaard، قبولها النظر في دعوى قضائية على 11 مسؤولاً إسرائيلياً، بينهم رئيس الوزراء السابق إيهود أولمرت، ووزيرة الخارجية السابقة تسيبي ليفني، ووزير الدفاع في الحكومتين السابقة

[52] المركز الفلسطيني لحقوق الإنسان، 2009/10/30، انظر:
http://www.pchrgaza.org/files/PressR/arabic/2008/112-2009.html
ويتعلق الاستئناف المقدم بعدم قيام المدعي العام بفتح تحقيق أثناء زيارة السيد أيالون لهولندا خلال الفترة 16-2008/5/20. وكان عدم تحرك المدعي العام في هذا السياق، نتيجة لتأخر صدور قرار عن مجلس المدعين العامين، فيما يتعلق بالوضع القانوني للسيد أيالون، فيما يتصل بتمتعه بالحصانة الدبلوماسية. وقرر المجلس، بأن السيد أيالون لا يتمتع بالحصانة، ولكن في الوقت الذي صدر فيه القرار (بعد 21 يوماً)، كان السيد أيالون قد غادر هولندا.

[53] *The Jerusalem Post newspaper*, 29/9/2009,
http://www.jpost.com/servlet/Satellite?cid=1254163541545&pagename=JPArticle%2FShowFull

والحالية إيهود باراك، وذلك بتهم ارتكاب جرائم حرب في قطاع غزة[54]. ومع وجود ضغوط كبيرة تعرضت لها المدعية العامة لرفض القضية، أو تأخيرها على الأقل لكسب المزيد من الوقت لصالح "إسرائيل"، رفضت المدعية العامة النرويجية سيري فريجارد الاستمرار في التحقيق. وجاء في مذكرة المدعية العامة أنه على الرغم من احتمال وجود جرائم حرب من الدرجة الأولى، فليس هناك ما يجبر النرويج على المضي قدماً وحيدة في التحقيق في قضية يعود الاختصاص فيها، حسب قولها، إلى المحكمة الجنائية الدولية[55].

إن هناك العديد من أوامر الاعتقال قد صدرت في عدد من الدول الأوروبية ضدّ وزراء إسرائيليين، وقادة أمنيين رفيعي المستوى، بعد اقتناع المحاكم بأن الحديث يجري عن مجرمي حرب ارتكبوا أعمالاً إجرامية تتناقض مع القوانين الدولية.

وبالرغم من أن هناك ضغوطاً كبيرة مورست على بلجيكا لتعديل قوانينها، وضغوطاً ما زالت تمارس على بعض الدول مثل إسبانيا للحدّ من هذا المبدأ، إلا أن هذه تبقى وسيلة ناجعة لملاحقة المسؤولين الإسرائيليين أو على الأقل لإزعاجهم، وخير مثال على هذا المبدأ هو قرار القاضي الإسباني فرناندو أندرو Fernando Andreu بملاحقة سبعة مسؤولين إسرائيليين[56]، هم: وزير الدفاع السابق بنيامين بن إليعازر Binyamin Ben-Eliezer، وقائد سلاح الجو الإسرائيلي السابق دان حالوتس Dan Halutz، والقائد السابق للجيش الإسرائيلي في قطاع غزة دورون ألموغ، ورئيس مجلس الأمن القومي الإسرائيلي غيورا آيلاند Giora Iland، والسكرتير العسكري لوزارة الدفاع مايكل هيرتسوغ Michael Herzog، ورئيس أركان الجيش الإسرائيلي موشيه يعلون Moshe Ya'alon، والرئيس السابق لجهاز الأمن الداخلي آفي (موشيه) ديختر Avraham (Moshe) Dichter)، وهؤلاء ضالعين في حادث اغتيال قام به الجيش الإسرائيلي للقيادي في حركة حماس صلاح شحادة في 2002/6/22، وهذا الحادث استشهد فيه أيضاً 14 مدنياً فلسطينياً بينهم تسعة أطفال، وكان ستة من الناجين في عملية الاغتيال قد تقدموا في 2008/6/24 بشكوى في إسبانيا، استناداً إلى مبدأ

---

[54] دعوى بالنرويج تتهم حكومة أولمرت بجرائم حرب، الجزيرة.نت، 2009/4/24.

[55] النرويج ترفض دعوى ضد إسرائيليين، الجزيرة.نت، 2009/11/6؛ وانظر:
Norway drops investigation into Israel's Gaza war crimes, *The Daily Star*. Lebanon, 7/11/2009.

[56] القضاء الإسباني يؤكد أهليته للتحقيق في جرائم حرب ارتكبت في غزة في عام 2002، شبكة فلسطين الإخبارية، 2009/2/6؛ وترحيب حقوقي دولي بملاحقة إسبانيا لمجرمي حرب إسرائيليين، الجزيرة.نت، 2009/2/6.

الاختصاص العالمي. وقد أدى هذا الإجراء الإسباني إلى إنزعاج إسرائيلي شديد، مما دفع بوزيرة الخارجية الإسرائيلية إلى الضغط على إسبانيا من أجل تغيير قوانينها الداخلية الخاصة بهذا المبدأ[57]. لكن الضغوطات السياسية المكثفة على إسبانيا أدت إلى تصويت محكمة الاستئناف الإسبانية في 2009/6/30 بأغلبية 14 صوتاً مقابل أربعة لصالح قرار بإغلاق ملف تحقيق المحكمة الوطنية الإسبانية في الهجوم على حي الدرج سنة 2002. حيث أيدت المحكمة حجة الادعاء الإسباني، والذي ادعى بأن "إسرائيل" وليست إسبانيا هي من عليها التحقيق في الحادث. ويسقط هذا القرار قراراً سابقاً صدر في 2009/5/4، عندما أعلن القاضي أندرو من المحكمة الوطنية الإسبانية عن قرار المحكمة بمواصلة التحقيق في الأحداث المحيطة بالهجوم على حي الدرج. ورفضت حينها المحكمة بشكل واضح حجج الادعاء الإسباني و"دولة إسرائيل"، اللذين ادعيا بأن "دولة إسرائيل" قد حققت في الجريمة بشكل ملائم. وأكد القاضي بأن هذا الموقف عارٍ عن الصحة ويتناقض مع سيادة القانون[58].

يمكن ملاحظة أن الدول تسعى إلى تقييد مبدأ الاختصاص العالمي من أجل تفادي أي إشكال دبلوماسي مع "دولة إسرائيل". وهذا التقييد أدى إلى حدٍّ ما إلى إفراغ مضمون مبدأ الاختصاص العالمي، بحيث بات التركيز على المحكمة الجنائية الدولية أمراً لا بدّ منه.

ولتفادي الإمساك بأي مسؤول إسرائيلي فقد طلبت الأجهزة الأمنية الإسرائيلية على سبيل المثال من جنرال الاحتياط دورون ألموغ تجنب الوصول إلى إسبانيا بسبب الدعوى المقدمة ضدّه[59].

---

[57] "The Spanish Indictment of High-ranking Rwandan officials," *Journal of International Criminal Justice*, Oxford University Press, vol. 6, no. 5, 2008, pp. 1003-1011.

[58] المركز الفلسطيني لحقوق الإنسان، المركز الفلسطيني لحقوق الإنسان سيتقدم باستئناف إلى المحكمة العليا ضدّ قرار محكمة الاستئناف الإسبانية، 2009/6/30، انظر:

http://www.pchrgaza.org/portal/ar/index.php?option=com_content&view=article&id=6112:2010-01-18-11-48-38&catid=120:2009-12-29-09-36-28&Itemid=214

[59] الأجهزة الأمنية الإسرائيلية تنصح الجنرال ألموغ بعدم الوصول إلى إسبانيا لدوره بجرائم الحرب في غزة، موقع إنباء الإخباري، 2009/2/25؛ وقلق في إسرائيل من ملاحقة أركانها بتهم ارتكاب جرائم حرب في غزة، **الحياة**، 2009/1/20؛ ولجنة بإسرائيل لحماية من يُتهمون بارتكاب جرائم حرب بغزة، الجزيرة.نت، 2009/1/23.

هذا الحدث وغيره من السوابق قد دفعت المؤسسة العسكرية في سابقة هي الأولى من نوعها، في الجيش الإسرائيلي، إلى حظر نشر أسماء وصور كل من شارك في حرب غزة، وخصوصاً قادة الكتائب[60]، وأيضاً نستطيع الاستشهاد بأن قرار السماح لوزيرة الخارجية الإسرائيلية بالسفر إلى بروكسل من قبل الدولة العبرية في كانون الثاني/ يناير 2009 قد تمّ في اللحظة الأخيرة، بعد أن أثيرت مخاوف من وجود دعوى شخصية ضدّها في بلجيكا بتهمة ارتكاب جرائم حرب، ونوقش الأمر على أعلى المستويات في بلجيكا، وبعد ذلك تقرر السفر لحضور اجتماع مع وزراء خارجية الاتحاد الأوروبي[61]. وهذا التخوف الإسرائيلي من المحاكمات قد دفع الحكومة الإسرائيلية إلى إعلان توفير حماية قضائية لقادة جيشها وجنوده، الذين يواجهون دعاوى بتهم ارتكاب جرائم حرب في قطاع غزة خلال الجلسة الأسبوعية التي انعقدت في[62] 2009/1/25.

---

[60] إسرائيل تسعى لتغيير قوانين دول لمنع مقاضاة مسؤوليها، الجزيرة.نت، 2009/1/31؛ وإسرائيل تخشى مقاضاة عسكرييها على خلفية اجتياح غزة، الجزيرة.نت، 2009/1/14.

[61] ليفني كادت تلغي سفرها لبروكسل خشية الاعتقال، الجزيرة.نت، 2009/1/22.

[62] إسرائيل تلتزم بحماية عسكرييها قانونياً من تهم جرائم الحرب، الجزيرة.نت، 2009/1/26.

الخاتمة

إن "إسرائيل" دولة خارجة عن الشرعية الدولية نتيجة الانتهاكات الخطيرة للقانون الدولي الإنساني التي ارتكبتها في الأراضي الفلسطينية، وإن على الدول العربية أن تفكّر ملياً وتفهم جيداً عمل المحكمة الجنائية، حيث إن المحكمة تمنحهم الوسيلة القانونية للدفاع عن حقوقهم أمام المحافل الدولية، وسيشكل ورقة ضغط ضدّ "دولة إسرائيل"، التي تعلم أن تصديق بعض الدول المجاورة لها والضغط الدولي للتحقيق في جرائم غزة سوف يسبب إحراجاً كبيراً لها على المستوى الدولي[1].

إن قيام لجنة تقصي الحقائق التابعة للأمم المتحدة برئاسة القاضي الجنوب إفريقي ريتشارد جولدستون Richard Goldstone بالاستماع إلى شهادات ضحايا العدوان الإسرائيلي على قطاع غزة، إلى جانب عقد جلستين في مقرّ الأمم المتحدة في جنيف يشكل أول خطوة فعلية لفضح الجرائم الإسرائيلية[2]. كما أن تبني الجمعية العامة لتقرير لجنة تقصي الحقائق التابعة للأمم المتحدة في 2009/11/5، بعد أن تبناه مجلس حقوق الإنسان الذي حمل بعد إقراره الرقم A/HRC/RES/S-12/1، يعدّ نصراً معنوياً لجميع ضحايا العدوان الإسرائيلي وشكل هزيمة دبلوماسية للإسرائيليين.

إن هذه الجرائم التي أوردناها لا تسقط بالتقادم، وهذا يعني أنه حتى إذا لم تنجح ملاحقة الإسرائيليين المتورطين في ارتكاب هذه الجرائم بواسطة مبدأ الاختصاص العالمي، وحتى لو رفض المدعي العام للمحكمة الجنائية الدولية بفتح تحقيق لعدم أحقية السلطة بإعطاء المدعي الاختصاص لعدم تكييفها القانوني بأنها دولة؛ فإن هذه الجرائم سوف تلاحق مجرميها ما داموا أحياء. وفي حال قيام دولة فلسطينية فإن أحد أولوياتها

---

[1] إقرار أممي بارتكاب إسرائيل جرائم بغزة وواشنطن تنتقد، الجزيرة.نت، 2009/3/24؛ وموقع هيومن رايتس ووتش، يجب إجراء تحقيق دولي، ينبغي على الأمم المتحدة أن تضمن التحقيق المحايد في الانتهاكات الجسيمة للطرفين، 2009/1/27؛ وانظر:
Afua Hirsch, "Israel may face UN court ruling on legality of Gaza conflict," The Guardian, 14/1/2009; and UN Expert: Compelling Evidence of Israeli War Crimes in Gaza: Independent Investigation Urged Over "Grave Breaches of the Geneva Conventions", Site of antiwar.com, 22/1/2009; and Steve Bell, "Demands grow for Gaza war crimes investigation," *The Guardian*, 13/1/2009.

[2] تقصي الحقائق تواصل عملها بغزة، الجزيرة.نت، 2009/6/29.

سوف يكون البدء في تحريك الدعاوى أمام المحكمة الجنائية الدولية عن جميع الجرائم التي ارتكبت بعد 2002/7/1.

إن العدالة لن تموت، وإذا كان تحقيقها صعباً هذا اليوم، فإن الخوف سوف يلازم كل من يتورط في جرائم حرب، أو جرائم ضدّ الإنسانية. ويكفي أن هذا الخوف منع الكثير من القادة الإسرائيليين المتورطين في مثل هذه الجرائم من التنقل بسهولة عبر مطارات العالم.